고객의 마음을 읽는 마케팅
Innermost Marketing

고객의 마음을 읽는 마케팅
Innermost Marketing

이방형 지음

www.book21.com

> 갖은 노력과 많은 비용을 들여
> 제품이나 서비스를 만들었는데도
> 그 결과가 신통치 않다면 마케터의 입장에서는
> 온갖 생각이 떠오른다.
> 아무리 생각해도 제품의 하자는 없다.
> 그리고 나름대로 깔끔하고 화려한 광고와
> 대대적인 홍보도 수행했다.
> 도대체 왜 고객은 사지 않는 것일까?
> 그동안 쏟아 부은 땀을 생각하면 억울하기까지 하다.
> 이쯤 되면 슬슬 고객이 원망스러워진다.
> 하다못해 직접 시장에 나가
> 고객의 바짓가랑이라도 부여잡고 하소연하고 싶다.
> 그러나 고객이 필요로 하지 않는 제품과 서비스라면
> 울며불며 매달린들 아무런 소용이 없다.
> 그렇다면 고객이 원하는 제품이란
> 어떤 것인가?
> 하지만 고객은 이에 대한 대답을 쉽게 내놓지 않는다.

| 추천의 글 1 |

마케터가 해야 할 모든 것을 보여준다

갈수록 치열해 지는 경쟁 환경에서 선도기업이 되기 위해 가장 필요한 것은 역시 고객과의 소통입니다. 고객의 속마음을 이해하고 고객과 정서적인 공감대를 형성할 수 있어야만 고객에게 선택받는 기업으로 오래오래 성장할 수 있습니다. 그런 관점에서 이방형 사장이 소개하고 있는 이너모스트 마케팅은 고객통찰력으로부터 고객가치, 고객경험 그리고 고객관계에 이르기까지 마케터로서 주의를 집중해야 할 고객의 모든 것을 간명하고 진솔하게 보여 주고 있습니다.

대한민국 디지털 모바일의 역사라 해도 과언이 아닐 TTL, 네이트, OK캐쉬백, 싸이월드, June, 기프티콘, T 등 SK의 수많은 마케팅 사례들과 피앤지, 애플, 볼보, 구글 등 유수의 글로벌 기업 사례들까지 적절하게 소개하며 설명하는 이 책의 포맷에서, 마케팅을 구체적으로 이해하고 싶어 하는 독자들의 속마음을 읽어 낸 이방형 사장의 저력을 느끼게 됩니다.

제가 몸담고 있는 보광훼미리마트 역시 OK캐쉬백 프로그램을 차별화의 전략적인 도구로 적극 활용하여 단골고객 확보에 큰 성과를 거두고 있으며, 이러한 마케팅의 파트너십 관계가 편의점업계 리더의 자리를 유지하는데 큰 힘이 되고 있는 것도 사실입니다.

SK텔레콤 시절 마케팅 사령관으로 활약했고 현재 SK마케팅앤컴퍼니의 경영을 맡고 계시는 이방형 사장은 본인의 얘기를 많이 하기보다는 항상 상대방의 얘기를 차분하게 경청하고 가끔씩 자연스레 질문을 던지는 분입니다. 아마도 고객의 속마음을 이해하는 데는 말하기보다 듣기가 유리하다는 진리를 오래전에 체득한 분이 아닌가 싶습니다.

독자 여러분들도 이 책을 통해 실전에서 승리한 저자가 전하는 생생한 통찰력을 즐기면서 동시에 소비문화의 흐름을 예측하고 너무 빠르지도 그렇다고 늦지도 않게 새로운 제품을 마켓에 커뮤니케이션하는 마케팅의 묘미를 느끼길 바랍니다.

2009년 8월
백정기 (보광훼미리마트 사장)

| 추천의 글 2 |

변덕스러운 고객의 속마음을 알게 해준다

소니의 창업자인 모리타 아키오가 남긴 유명한 말이 있다. "고객에게 묻지 마라." 워크맨의 출시를 앞두고 실시한 시장 조사에서 대다수의 응답자들은 "길거리를 다니면서 음악을 들을 일이 있겠는가?" 하면서 부정적인 의견을 표시했다. 그러나 워크맨은 출시 후 이른바 대박 상품이 되었고 소니에게는 황금알을 낳는 거위가 되었다.

고객들은 자신이 진정으로 무엇을 원하는지 잘 모르는 경우가 많다. 요즘과 같이 하루가 멀다 하고 혁신적인 신상품들이 쏟아져 나오는 시대에는 이른바 얼리어답터조차 블로그를 뒤져서 '공부'를 하지 않고서는 자신에게 필요한 상품이 무엇인지 확신이 서질 않는다. 이제 마케터들은 더 이상 피상적인 고객 연구 결과에 기대어 마케팅을 할 수 없게 된 것이다. 이런 관점에서 이 책 출간은 반가운 일이 아닐 수 없다. 이 책은 고객 마음 깊은 곳을 꿰뚫는 통찰력에서 출발하여 고객가치의 혁신을 만들어 내는 비법을 제시한다. 그리고 더 나아가서 혁신의 효과를 극대화하기 위해 고객

경험을 풍부하게 하고 지속적인 고객마인드를 확보하기 위한 기법들도 소개한다.

이와 같은 창의적 프로세스는 다분히 저자인 SK마케팅앤컴퍼니 이방형 사장의 오랜 마케팅 경험에서 비롯되었고 10년 전 그가 만들어 낸 TTL 신화와 같이 참신하면서도 파워풀하다. 그가 몸담았던 SK텔레콤이 어떤 회사인가? 단순히 이동전화 서비스에 그치지 않고 네이트, 멜론, 컬러링, 싸이월드, 기프티콘 등 수많은 혁신적 통신 서비스와 데이터 서비스를 줄줄이 만들어 히트한 회사이다. 이방형 사장은 이러한 SK의 혁신상품 개발 과정의 산 증인이다.

그렇다고 이 책이 SK텔레콤과 SK마케팅앤컴퍼니의 혁신적 상품에 대한 얘기만 했다고 생각하면 큰 오해다. 닌텐도, 사우스웨스트 항공, 애플, 페이스북, 그리고 프랑스의 명품 와인 샤토 무통 로칠드에 이르기까지 마케팅 지존들의 현란한 마케팅 성공 사례가 흥미진진하게 소개되어 있다. 게다가 '하이테크 마케팅'의 전문가인 내가 보기에도 놀랄 정도로 와해성 혁신, 전환 비용 등의 하이테크 마케팅 핵심 개념과 이론들이 이들 사례와 찰떡궁합을 이루고 있다. 게다가 최신 조사 기법들과 핵심 이슈들이 중간 중간 잘 정리되어 있어 제대로 된 마케팅 '공부'를 바라는 독자들의 입맛도 외면하지 않았다.

　마케팅의 역사를 되돌아보면 불황기마다 새로운 마케팅의 개념과 혁신적인 마케팅 도구가 등장했다. '이너모스트 마케팅'은 변덕스런 고객의 한길 '속마음'을 알아내어 진정한 가치를 만들고자 애태우는 많은 기업들에게 하나의 등대와 같은 역할을 할 것이라 믿어 의심치 않는다.

2009년 8월

김상훈 (서울대학교 경영대학 교수)

| 서문 |

고객의 속마음, 이너모스트에 집중하라

추운 러시아에서 에어컨을 팔고 더운 아프리카에서 오리털 점퍼를 판 이야기를 들은 한 사람이 이렇게 말했다.

"도대체 얼마나 말솜씨가 좋으면 그걸 팔았을까!"

아마도 그는 추운 고장에서 에어컨을 팔 수 있었던 것은 영업사원의 수려한 말솜씨 덕분이라고 생각한 모양이다. 하지만 요즘 세상이 어디 그런가. 입담이 좋아서 물건을 팔아치우던 시절은 이미 지나갔다. 말솜씨가 뛰어난 영업사원이 제아무리 제품에 대한 자랑을 늘어놓아도 고객은 단지 그것을 참고만 할 뿐이다. 고객은 "생각해 볼게요"라는 말을 남기고 돌아서서 다양한 채널을 통해 제품의 가치를 꼼꼼히 따져본다.

고객은 가격이 싸다는 이유나 그럴싸한 포장만으로는 절대 현혹되지 않는 스마트한 존재다. 공급자가 시장에 내놓은 물건을 이렇다 할 주관과 고집도 없이 단순히 구매하는 수동적인 존재가 아니다. 오죽하면 지금까지는 무시당했지만 이제는 당당히 권리를 행사하겠다며 '소비자 주권'을 선포했을까.

고객은 제품이나 서비스를 제공하는 공급자와 대화를 나누고 싶어 하고 자세한 정보를 얻으려고 한다. 그런데 기업이 이를 무시했기 때문에 분연히 일어선 것이다. 지금도 인터넷에는 특정 제품과 서비스를 두고 무수한 지적과 개선 방향 제시, 심지어 안티와 불매 운동까지 벌어지고 있다. 이는 단지 제품의 하자에 대한 불만을 토로하는 것이 아니다. 내가 원하는 가치를 충족시켜줄 것이라 기대하고 구매한 제품이 정작 불만족스러움만을 안겨줄 때, 그것은 신뢰에 대한 배신이 된다. 따라서 고객의 불만은 배신을 당한 불쾌감과 감정의 상처로 인해 생기는 격정적인 애증의 표현이라고 할 수 있다.

이처럼 구매 활동의 결과는 단순히 만족과 불만족을 떠나 해당 기업에 대한 신뢰의 문제로 이어진다. 그냥 '쿨'하게 생각하면, 물건이 마음에 안 들면 교환을 요구하거나, 그마저도 귀찮으면 쓰레기통에 던져버리면 그만일 것이다. 하지만 그런 '쿨'한 행동 뒤에는 "정말 믿음이 가던 브랜드였는데 실망이다!"라는 씁쓸한 마음이 담겨있다. 그런데 이 상황에서 마케터가 "환불해주겠다는데 왜 저러는 거야? 혹시 더 큰 보상을 원하는 것 아니야?"라며 고객을 의심한다면? 사실상 고객이 더 큰 보상을 원한다는 것은 맞는 말이다. 하지만 그 보상은 마케터가 생각하는 것처럼, 애초 구매 비용에 웃돈을 붙여 더 받겠다는 것이 아니다. 고객은 그저 내 믿음에 대한 배신의 상처를 어루만져달라는 지극히 감성적인 보상을 원한다.

　제품을 사고파는 과정을 단지 경제적인 행위로만 이해하는 마케터는 결코 이런 고객의 마음을 이해하지 못한다. 고객의 말 한마디, 행동 하나하나에 담겨있는 의미를 이해하지 못하니 동반자의 관계는 꿈도 꾸지 못하는 것이다. 고객은 항상 커뮤니케이션을 원하고 다양한 채널을 통해 여러 신호를 보내지만, 기업은 이를 알아채지 못하는 경우가 허다하다. 때로는 고객 스스로도 무의식적으로 이런저런 신호를 보내기도 한다. 하지만 또박또박 말을 해도 못 알아듣는 기업들은 이렇게 불확실한 신호는 아예 감지조차 하지 못한다.

마케팅에 대한 정의는 무수히 많다. 그리고 해석뿐만 아니라 실행 방법에 있어서도 나름 과학적인 것이라 강조해가며 수많은 전략 전술을 구사한다. 하지만 도대체 어떤 것이 정말 나를, 내 회사를 구원하는 마법의 두루마기인지 알 수가 없다. 그래서 오늘도 책상 위에는 갖가지 마케팅 비법이 적혀 있는 두루마기가 굴러다닌다.

그러나 실행 방법이나 전략전술을 논하기 전에 알아야 할 것이 있다. 그것은 바로 마케팅을 무엇이라고 생각하는지 명확히 하는 것이다. 마케팅의 또 다른 의미는 아마도 '관계'와 '만남'이지 않을까? '마켓'에서의 '팅'을 하는 만남과 관계라는 말이다. 그런데 만남과 관계 맺기에서 가장 기본적인 것은 서로에 대한 이해이다. 그 이해의 방법은 바로 커뮤니케이션이다. 소개팅, 미팅, 번개팅 등과 같은 다양한 '팅'에서 사람들은 자신의 매력을 어필하기 위해 갖가지 커뮤니케이션을 시도한다. 상대방이 무엇을 원하는지, 또 어떻게 해야 그가 원하는 가치를 충족시켜주는지를 끊임없이 탐색하고 커뮤니케이션을 하는 것이다.

미국의 언어학자인 노엄 촘스키는 "현재의 인식세계에 영향을 미치는 것은 속도가 아니다. 깊이의 상실이다. 피상적 수준에 머물고 있는 커뮤니케이션이다"고 했다. 이 말은 실패한 마케터에게 깊은 성찰을 요구하는 격언일 수 있다. 급변하는 스피드의 시대에 발맞추어 최신 마케팅 트렌드만 좇는 건 아닌지, 고객의 깊은 속마음을 들여다보는 기본적인 행위를 망각하고 있는 것은 아닌지 한번 되돌아 볼 필요가 있다.

필자는 수년간 SK텔레콤의 마케팅을 이끌고, 또 최근에는 SK그룹의 마케팅 역량을 집중한 SK마케팅앤컴퍼니의 수장을 맡으면서 남보다 먼저 프런티어적인 마케팅을 시도하였다. 그러한 시도들 중 일부는 최근 들어 몇몇 선도 기업들의 사례로 나타나기도 한다.

고객의 속마음은 철저히 가려져 있어 때론 고객들 자신도 잘 인식하지 못하는 경우가 많다. 프런티어적 마케팅을 수행하는 가장 중요한 원칙은 바로 이처럼 고객이 잘 드러내지 않는 속마음을 철저히 파헤쳐서 고객이 표현하는 것보다 단 '한 발짝'만 앞서서 마케팅을 수행하는 것이다. 따라서 다양한 상품이나 채널들을 통한 고객과의 소통으로 고객 스스로 자신의 숨겨진 욕구를 인지할 수 있도록 도우며, 그 욕구를 충족시켜줄 수 있는 방법을 바로 한 발짝 앞서서 제공해야 하는 것이다.

　대량생산, 대량판매의 시대가 종말을 고하고, 매스미디어를 통한 광고의 시대도 이미 과거의 추억이 된 지금, 결국 고객에게 어필할 수 있는 마케팅이란 고객의 내면과 가치를 이해하는 것에서 시작된다. 이처럼 속마음에 기반을 둔 마케팅을 필자는 이 책에 '이너모스트 마케팅'으로 표현했다. '가장 깊은 부분'을 뜻하는 이너모스트(Innermost)라는 단어는 고객의 가장 깊은 부분까지 알아내려는 노력의 상징적인 의미이며, 또 그것을 한 발짝만 앞서 제공한다는 의미에서 '이너모스트 마케팅'이라는 용어를 선택한 것이다.

　고객의 마음 깊은 곳을 헤아리는, 즉 이너모스트 마케팅이 가능하기 위해서는 현란한 스킬보다는 고객의 내면을 들여다보는 자질을 먼저 갖춘 마케터가 되어야 한다. 따라서 필자는 이너모스트 마케팅이라는 관점에서 수많은 고민을 거쳐 수행된 프런티어적 마케팅 활동들 중 가장 효과적이었던 방법만 선정하여 이 책에 소개했다. 마케팅을 전공하는 후학들과 전문적인 마케터들이 이를 응용하여 고객과 진정으로 소통하는 또 다른 프런티어적 마케팅 사례를 만들어 나갔으면 하는 바람이다.

2009년 8월
이방형

| 차례 |

추천의 글 1 마케터가 해야 할 모든 것을 보여준다 · 6
추천의 글 2 변덕스러운 고객의 속마음을 알게 해준다 · 8
서문 고객의 속마음, 이너모스트에 집중하라 · 11

Prologue **왜 고객의 마음을 읽어야 하는가**

고객이 진정으로 원하는 것! · 23
고객의 잠재의식과 소통하라 · 31
이너모스트 마케팅, 고객의 마음에 다다르는 길 · 39

Part 1 **고객통찰력 : 잠재의식을 끄집어내라**

느끼는 것이 먼저다 · 55
공감하고 또 공감하라 · 70
타이밍을 놓치지 마라 · 82

Part 2 **고객가치 : 플러스 알파의 혁신을 추구하라**

시장의 룰을 바꿔라 · 97
남의 둥지에 알을 낳아라 · 111
선점보다 리딩의 가치를 보여라 · 124

Part 3 고객경험 : 보고, 듣고, 말하고, 느끼게 하라

스토리에 빠져들게 하라 · 137

스토리로 포지셔닝하라 · 148

친숙한 언어로 소통하라 · 164

긍정적이고 즐거운 경험만 제공하라 · 177

Part 4 고객관계 : 영원한 동반자로 끌어들여라

고객은 변덕쟁이가 아니다! 개성이 강할 뿐이다 · 191

고객과 감정을 공유하라 · 202

존중받을 때 고객은 마음의 문을 연다 · 214

나눔의 행복, 고객과의 윈-윈 성공방정식 · 225

Epilogue 마케터는 고객의 마음을 이해하는 심리학자

이너모스트 마케팅은 '공감'의 과정이다 · 241

Prologue

왜
고객의 마음을
읽어야 하는가

고객이 진정으로 원하는 것!

비만 인구가 많은 미국에서 다이어트 열풍이 불자, 맥도날드는 신제품을 출시하기로 하고 대대적인 사전 소비자 조사를 실시했다. 사람들의 반응은 예상대로였다. 다이어트를 부정하는 사람들은 거의 없었을 뿐더러 기회만 된다면 다이어트를 하겠다는 것이었다.

다이어트 버거 '맥린(McLean)'은 사람들의 이런 상식적이고 합리적인 생각을 바탕으로 출시되었다. 맥도날드는 패스트푸드의 레드오션을 벗어날 수 있는 회심의 역작이라 생각하고 대대적인 마케팅을 실시했다. 그러나 시장의 반응은 냉담했다. 코카콜라가 기존의 소비자들이 새로운 콜라 맛을 원한다는 조사 결과에 따라 '뉴코크(New Coke)'를 출시했다가 낭패를 겪은 것과 똑같은 현상이 벌어진 것이다.

사람들은 다이어트의 당위성과 맛이라는 두 가지 기준 앞에서 맛을 선택했다. 분명 다이어트에 대해 합리적인 생각을 했으면서도 비합리적인 행동을 보였던 것이다.

"고객의 목소리에 귀를 기울여라!", "고객을 만족시켜라!" 오늘도 고객감동, 고객만족의 구호를 외치며 마케터로서의 하루를 연다. 그것도 모자라 하루 종일 "고객을 감동시켜라!"는 지상 명령을 수행하기 위해 오늘도 최선을 다해 동분서주한다. 그러나 궁극의 마법 주문 같은 건 없다는 듯 일이란 늘 예상치 못한 곳에서 뒤통수를 친다. 특히 고객을 직접 만나서 니즈를 파악하고 심층적인 조사까지 거친 후 마케팅을 하는데도 제대로 먹히기는 커녕 언제 그랬냐는 듯 고객은 상반된 반응을 보이기 일쑤다.

이쯤 되면 마케터의 뇌리에 의문이 하나 떠오른다.

'과연 고객이 그걸 원하긴 하는 걸까?'

의문은 꼬리에 꼬리를 물고 급기야는 '고객이 말하는 것을 무조건 다 받아들인다는 것 자체가 잘못된 것이 아닐까' 하는 의구심마저 들기 시작한다.

"고객은 자신이 진정 뭘 원하는지 알까?"

영화 〈왓 위민 원트(What Women Want)〉에서 주인공 닉 마샬은 잘 나가던 광고기획자이자 전형적인 마초이다. 그런 그가 승진의 기회를 달시 맥과이어라는 여성에게 빼앗겨버렸다. 게다가 달시가 여성을 대상으로 한 제품 광고 기획으로 성과를 내자 닉은 위기감을 느끼게 된다. 그런 그가 할 수 있는 것은 과연 무엇일까?

여기서부터 영화는 가벼운 코미디로 흘러가지만 현실의 마케터들에겐 동병상련의 과정이 시작된다. 닉은 립스틱과 코팩, 스타킹까지 착용하면서 여자의 마음을 이해하기 위해 애를 쓴다. 현업에서 일하는 마케터의 심정과 다를 바가 없다.

그러던 어느 날 사고를 당한 뒤, 갑자기 그에게 놀라운 능력이 생겼다. 바로 여자의 마음을 읽게 된 것이다. 예전에는 입을 다문 채 속내와 달리 행동하는 여자들을 이해할 수 없었던 그가 이제 달시를 비롯한 딸의 마음을 읽고 상대방이 원하는 것을 해줄 수 있게 되었다. 아니 자신이 원하는 대로 상대방을 유혹할 수 있으니 모든 것이 행복할 따름이다.

이것이야 말로 모든 마케터가 그토록 원하는 '초능력'이 아닐까? 상대방의 마음을 읽을 수만 있다면, 고객의 마음 속에 들어갔다 나왔다 할 수만 있다면 얼마나 좋을까. 고객이 어떤 것을 원하는지 훤히 아는데 팔 수 없는 제품이나 서비스는 없을 것이다. 그렇다면 세상 모든 마케터들은 닉처럼 특별한 능력까지는 아니더라도 최소한 독심술에 가까운 심리학의 달인이라도 되어야 할까?

다이어트 버거 '맥린'이나 코카콜라의 '뉴코크'처럼 사전에 고객이 원하는 것을 미리 파악하고 그것에 부응하는 제품을 내놓았다고 생각했다가 낭패를 보는 경우가 종종 있다. 그런데 이와 반대인 경우도 있다. 전쟁터를 누볐던 군용 지프의 대명사 아메리칸 모터스(AMC)는 2차 세계대전이 끝나자 지프를 일반인에게도 판매하려고 수차례 소비자 조사를 실시하였다. 그러나 소비자들의 반응은 냉담했다. 실제로 승차감도 불편하고 소리가 큰 지프는 전쟁터에서나 유용하지, 도시에서 탈 만한 차량은 아니었다. 소비자의 사전 조사 결과에 따른다면, AMC는 절대로 지프를 시장에 내놓아서는 안 될 일이었다. 하지만 전쟁 기간에 생산했던 지프를 팔아야 했기 때문에 AMC에게는 다른 선택의 여지가 없었다. 주위의 부정적인 우려에도 불구하고 AMC는 시장에 지프를 내놓았다. 그런데 이게 웬일인가. 정작 시장에 나온 지프의 판매고는 갈수록 높아졌고, 급기야 대성공을 거두었던 것이다. 고객의 부정적인 의견을 무시했었지만 결과는 딴판이었다.

다이어트 버거와 지프는 정반대의 과정을 거쳤고 결과 또한 다르게 나타났다. 하지만 하나의 공통점이 있다. 그것은 바로 고객의 구매 의사와 실제 구매 행동 간의 불일치가 분명히 존재한다는 사실이다. 결국 고객 스스로도 자신이 뭘 원하는지, 또는 자신이 원하는 것을 제대로 표현했는지 정확하게 알 수 없다는 뜻이다.

이런 상반된 사례를 지켜보고 있노라면 마케터의 입장에서는 고객의 판단 능력에 대한 의구심마저 들기 마련이다. 특히 긍정적인 사전 반응에 따라 제품을 만들어 출시했는데도 정작 고객이 지갑을 열지 않는다면, 이것은 고객의 변덕을 넘어 애초 실시한 고객 조사의 결과를 의심할 수밖에 없다.

그러나 이런 의심과 회의에도 불구하고 여전히 설문이나 포커스그룹인터뷰 등을 통해 고객 조사를 열심히 수행한다. 어쨌든 답은 고객에게 있다는 생각은 변함이 없기 때문이다. 고객의 생각을 염두에 두지 않고 제품을 출시하려면 많은 부담이 따를 수밖에 없다. 게다가 치열한 경쟁이 이루어지는 업계에서 자신의 제품에 대한 우월감과 자신감만으로 무작정 제품을 밀어붙일 수 없는 법이다. 최신 트렌드의 반영, 고객의 니즈 충족 등 어느 것 하나 소홀히 할 수 없다. 그런데도 외면받는 제품은 한두 가지가 아니다. 이럴 때 떠오르는 질문이 있다.

"고객은 정말 합리적으로 판단하는가?"

"당신은 길에 휴지가 떨어져 있는 것을 보면 줍습니까?"라는 질문에 90% 이상이 "예"라고 대답했다고 한다. 떨어진 휴지를 줍는 것은 합리적인 생각이자 상식적인 행동이기 때문이다. 그러나 실제로 대부분의 사람들은 떨어진 휴지를 줍기보다 그냥 모른 척 지나쳐버린다. 이와 같이 사람들은 '합리적인 생각'과 '비합리적인 행동'의 이중성을 가지고 있다.

상품 구매를 할 때도 마찬가지다. 합리적 의사 결정 대신 비합리적 의사 결정을 자주 하는 것을 목격할 수 있다. 따라서 '합리적 인간'의 잣대로 고객의 마음을 읽으려고 한다면 마케터는 헛다리를 짚을 가능성이 크다.

이와 같이 고객은 자신이 원하는 것이 무엇인지 정확하게 알고 있는지도 의심스럽지만 합리적인 구매도 하지 않는다. 그렇다면 무작정 고객의 꽁무니만 쫓아다녀서는 현실적으로 효과적인 마케팅을 수행하기 어렵다는 결론을 내리게 된다. 그럼 고객을 무시하는 것이 그 해답일까?

Marketing Clue

시장 조사, 그 통계의 함정을 피하라

통계는 비키니와 같다는 말이 있다. 몸이 다 드러난 것처럼 보여도 가린 곳이 있듯 통계 역시 숫자가 모든 것을 말해주는 것 같지만 실제로는 그렇지 않다는 것이다. 시장 조사는 고객의 생각을 엿보려고 할 때 가장 많이 사용하는 방법이다. 그러나 시장 조사 결과와 실제 제품 판매의 결과가 항상 일치하는 것은 아니다. 따라서 숫자나 고객의 반응을 100% 믿어선 안 된다.

시장 조사 결과가 곧 판매량과 연결되지 못하는 이유는 다음과 같다.

첫째, 모든 것을 다 말하지 않는다. 설령 소주 한 잔을 마시며 허심탄회하게 이야기를 나누는 관계라고 할지라도 자신의 생각을 있는 그대로 말하는 사람은 드물다.

둘째, 익숙한 것에 점수를 더 준다. 아무리 새롭고 좋은 것이어도 동일한 분야의 기존 제품에 익숙하다면 새로운 것에 별다른 필요성을 느끼지 않는 법이다. 그래서 혁신적인 제품일수록 초기 시장 조사에서 긍정적인 반응을 얻기 힘들다. 피터 드러커가 "시장조사는 이미 시장에 나온 제품만을 대상으로 할 수 밖에 없다"고 한 이유도 마찬가지이다.

셋째, 일대일 조사와는 다르게 사람들은 실제 구매를 할 때 주변 사람들의 의견에 많은 영향을 받는다. 특히 고가일수록 구매에 신중을 기하면서 본인의 호불호와 관계없이 주위의 의견을 구하는 경우가 많다. 이런 과정을 거치며 애초의 입장과는 다른 결과가 나오는 것도 다반사임을 알아야 한다.

넷째, 중립적인 의견이 많이 나올 때, 조사 주체의 주관적인 해석에 따라 결과가 달라진다. 어떤 질문에 대하여 '그저 그렇다'는 중립적인 의견을 기재하는 경우가 있다. 이때 조사 주체가 어떻게 해석하느냐에 따라 조사 결과는 달라진다.

시장 조사는 어찌 보면 고객의 겉모습일 수 있다. 겉모습만 보고 속내까지 알기는 힘들다. 자신이 구입한 제품에 불만을 느끼더라도 제조업체에 직접 항의하는 사람이 얼마나 될까. 실제 조사 결과에 따르면 그 비율은 6%에 불과하다. 이처럼 속내를 쉽게 드러내지 않거나, 혹은 잘못된 정보를 줄 수 있는 시장 조사의 허점을 경계해야 한다.

고객의 잠재의식과 소통하라

한때 전 세계 MP3 플레이어 시장의 절반이 넘는 점유율을 가졌던 레인콤의 '아이리버(iriver)'는 트렌드와 디자인, 기능 등 모든 면에서 소비자의 욕구를 충족시켜준 제품이었다. 특히 혁신적인 디자인으로 소비자의 마음을 사로잡은 아이리버는 끊임없이 신제품을 내놓으며 시장 장악의 고삐를 늦추지 않았다.

그러나 2001년에 컴퓨터 제조업체였던 애플이 MP3 플레이어를 선보이자 상황은 달라졌다. 오디오 기기 부문에서 강력한 경쟁자였던 소니와 삼성 같은 대기업의 도전에도 굴하지 않았던 아이리버였기에 애플의 '아이팟(iPod)'은 성가신 추격자에 불과하다는 의견이 대세였다. 게다가 MP3 파일의 재생 기능 외에 추가 기능이 별로 없었던 아이팟은 최소한 한국에서는 그다지 매력적이지 못할 것이라는 의견이 우세했다.

뚜껑을 열어봐야 결과를 알 수 있다고 했던가. 아이팟은 출시되자마자 발 빠르게 시장을 장악하기 시작했다. 그것도 기존 소비자들이 매력적으로 여겼던 디자인 측면에서 아이리버를 압도했다. 순백색의 단순한 색상과 전면 휠(Wheel)의 채용 외에는 별다른 디자인 요소가 보이지 않는 아이팟은 럭셔리한 이미지로 고객의 마음을 사로잡는데 성공했다. 그리고 지금은 전 세계 MP3 플레이어 시장이 그들의 안마당이라 여겨질 정도로 아이팟은 독주하고 있다.

마케팅이란 알고 보면 제품을 어떻게 팔 것인가를 고민하는 것이라기 보다 오히려 고객의 마음을 빼앗는 일종의 연애에 가깝다. 일방적으로 열렬히 찬사와 애정을 쏟아 붓던 고객이 어느 한순간 "사랑은 움직이는 거야!"를 외치며 차갑게 뒤돌아선다. 난감한 마케터가 아무리 "다시 돌아와 줘!" 애원을 해도 한번 돌아선 마음은 쉽게 되돌아오지 않는 법이다.

고객은 결코 순진하지 않다. 무조건 떠받들어 준다고 쉽사리 마음을 열지 않을 뿐더러, 무시당할 때 가만히 참고 있는 존재는 더더욱 아니다. 상품을 사고파는 관계가 되었든, 보통 인간관계가 되었든 무시당하면서 관계를 계속 맺으려는 사람은 없다. "고객을 무시하라!"는 도발적인 명제도 고객지향, 고객추종만을 추구하다보면 새로운 것을 시도하는 혁신을 제대로 할 수 없기 때문에 나온 것이다. 결국 고객은 무시의 대상이 아니라, 굳이 표현하지 않더라도 '알아서 채워줘야 하는' 고귀한 존재인 것이다.

연인관계만큼 어려운 게 고객과의 관계 맺기이다. 그렇다면 고객과의 관계 맺기는 어떻게 해야 할까? 무작정 끌려가는 것도 아니고, 막무가내로 따라오라는 식의 관계도 아닌 진정한 고객과의 관계는 어떤 것을 말하는 것일까?

"손님이 왕이다!"는 캐치프레이즈를 내걸고 고객에게 일일이 물어보면서 뒤따라가는 마켓 드리븐(Market-Driven) 방식으로는 진정 고객이 원하는 것을 제공할 수 없다. 그보다 '고객의 입장'에서 무엇을 원하는지 찾아내 시장을 선도하는 마켓 드라이빙(Market-Driving)이 되어야 한다. 여기서 중요한 것은 '고객의 입장'에서 생각하는 것이다.

하루가 다르게 급변하는 시대에서 고객은 당장 어떤 기술적 문명의 혜택을 받을지 예측하기가 어렵다. 이동통신시대를 맞이하기 전에는 전혀 상상할 수 없었던 라이프스타일의 변화를 보더라도 알 수 있다. 휴대폰을 사용하기 전까지는 약속을 할 때 미리 '강남역 뉴욕제과 앞'이라는 장소와 '7시 정각'이란 시간을 정확하게 정해야만 했다. 상대방이 늦게 나오면 혹시나 아직도 집에 있을지 모른다는 생각에 공중전화 앞에서 줄을 서야만 했다.

그러나 휴대폰 시대가 열리면서 장소는 '강남역 근처'에서, 시간도 '7시쯤'에 보자고 약속한다. 약속 장소로 가면서 휴대폰을 꺼내 친구에게 어디쯤 있는지 물어보고 먼저 도착했다면 어디 들어가서 장소를 알려달라고 말한다. 이처럼 휴대폰이라는 조그만

기계 하나가 약속문화 자체를 바꾸어 놓았다.

분명 이동통신시대는 라이프스타일에 많은 변화를 가져왔다. 그리고 고객이 원하는 통신 수단의 가치 또한 바뀌었다. 이 모든 것이 불과 10여 년 사이에 발생했다. 물론 고객들은 이를 미리 예측하지 못하고 그저 공상과학에서나 나올 법한 이야기로 알았을 것이다. 그렇기 때문에 이동통신을 도입하기 전에 고객에게 니즈를 물어보는 것 자체가 당시에는 넌센스였던 셈이다.

그러나 마케터라면 이동통신의 기술 발달로 인한 통신문화의 변화를 미리 예측할 수 있어야 한다. 더불어 고객보다 앞서서 그들이 받아들일 만한 솔루션을 제시할 줄도 알아야 한다. 물론 고객이 원하는, 혹은 앞으로 원하게 될 니즈에 근거를 둔 솔루션이어야 한다. 이동통신시대가 올 것이란 예측을 했다면 발 빠르게 통화 품질이나 휴대의 편리성을 감안한 제품과 서비스를 준비하는 것이 바로 시장 선도 차원의 솔루션과 고객의 니즈를 일치시키는 것이라고 볼 수 있다. 즉 시장을 선도하는 회사의 관점과 자신의 니즈를 생각하는 고객의 관점이 일치해야 한다.

이러한 솔루션과 니즈를 일치시키기 위해서는 고객들이 표면적으로 얘기하는 요구에만 매달려서는 안 된다. 어차피 겉으로 하는 이야기를 100% 다 믿을 수도 없다. 그렇다면 고객들 스스로도 정확하게 알지 못하는 속마음을 마케터는 읽어낼 줄 알아야 한다는 결론에 이른다. 진정으로 고객이 원하는 것이 무엇인지 미리 알아내서 고객보다 한 발 앞서 가치를 발굴해낼 필요가 있다. 고객의 속마음을 이해하고 원하는 것을 채워줄 수 있는 솔루션, 그리고 실제로 고객이 자신의 솔루션을 해결해주는 마케팅이란 것을 인식할 수 있도록 해줘야 한다.

이너모스트(Innermost)는 이런 고객의 속마음을 뜻한다. 기술의 진화, 세련된 광고, 최상의 품질 이전에 기업이 생각해야 하는 마케팅의 출발점은 바로 고객의 속마음이다. 고객의 속마음을 알고 풍족한 가치를 느끼게 해주는 것이 바로 이너모스트 마케팅(Innermost Marketing)이다.

이너모스트 마케팅은 고객의 속마음을 제대로 볼 수 있는 통찰력 발굴 과정과 그것에 기반해 고객가치를 혁신하는 과정, 그리고 혁신적인 가치를 고객이 직접 체험하는 과정 모두를 포괄한다. 여기에 덧붙여 고객의 속마음에 기초한 혁신을 지속시켜줄 수 있는 고객마인드 확보가 이루어져야 한다.

고객의 속마음을 이해하며 기존과 다른 새로운 가치를 제공한다는 것은 회사 관점의 솔루션과 고객 관점의 니즈를 일치시키는 과정이다. SK텔레콤이 이동통신 서비스라는 당시로서는 혁신적인 서비스를 제공할 때도 이너모스트 마케팅의 개념을 적용해왔다. 낯선 것에 대한 이질감이 아니라 새로운 라이프스타일의 동반자로 친숙함을 느끼게 하는 것이야말로 치열한 마케팅 전쟁에서 승리할 수 있었던 원동력이었다.

아무리 세월이 흘러 새로운 마케팅 기법이 등장한다 하더라도 변하지 않는 것이 있다. 결국 예전이나 지금, 그리고 미래에서도 여전히 마케팅의 핵심은 고객의 속마음을 이해하느냐, 그렇지 못하느냐에 달려있다고 해도 과언이 아니다.

> Marketing Clue

고객추종과 고객선도, 고객의 속마음부터 만족시켜라

고객추종을 중요시하는 마케팅 방식은 무엇보다 고객이 표현한 욕구를 제대로 반영하는 것을 우선으로 한다. 제품이나 서비스의 기획 개발 단계에서부터 적극적으로 고객의 의사를 물어보고 참여시키면서 철저히 고객의 요구 사항을 반영하는 것이다.

1960년대에 미국의 오토바이 업체인 할리데이비슨은 일본의 혼다가 적극적인 공세를 벌이자 속수무책으로 시장을 빼앗기고 있었다. 새로운 전기를 마련해야 하는 할리데이비슨은 1980년대에 반전의 마케팅을 전개하기 시작하였다. CEO가 직접 오토바이 행사와 경주에 참여하면서 고객의 관심과 자사의 오토바이에 대한 불만을 청취하였다. 그리고 적극적으로 제품에 고객의 의견을 반영하였고, HOG(Harley Owners Group)이란 커뮤니티까지 만들어 지속적인 고객 관계를 추구했다. 결국 1989년에 시장 점유율을 60%까지 끌어 올리며 최고의 자리를 되찾았다.

이처럼 고객추종형 마케팅의 성공은 고객이 요구하는 것을 얼마나 충실하게 수행하느냐에 달려있다. 특히 핵심 고객을 분명하게 구분하여 그들의 요구 사항을 최대한 만족시킬 수 있는 마케팅 목표가 만들어져야 한다.

반면에 고객선도형 마케팅은 대체로 제품이나 서비스가 나오기 전까지는 소비자들이 제대로 인식할 수 없는 하이테크 분야에서 많이 일어난다.

소니가 워크맨을 만들 때만 하더라도 회사 내부의 반발은 컸다고 한다. 지금까지 존재하지 않은 제품의 출현을 두고 직원들까지도 그 필요성에 반신반의하며 반대를 한 것이다. 그러나 CEO인 아키오 모리타의 결단으로 시장에 나온 워크맨은 엄청난 성공을 거두며 직원들로 하여금 염려의 눈길을 거두게 했다. 이처럼 디지털 시대에서는 고객선도형 마케팅이 더욱 중요시 되고 있다. 전혀 새로운 라이프스타일을 제시하는 것이기 때문에 고객의 의견을 구하려야 제대로 구할 수가 없기 때문이다.

고객추종이냐, 고객선도냐 하는 것은 결국 제품과 서비스의 형태에 따라서 달라질 수밖에 없다. 고객추종형은 기술이나 환경의 변화가 별로 크지 않은 안정적인 상황에서 성공할 가능성이 높다. 고객들은 익숙한 것에는 정확한 의견을 제시할 수 있기 때문이다. 그러나 고객선도형은 하이테크 분야처럼 고객 스스로가 미리 예상할 수 없는 것에서 기업이 주도적으로 제시하는 제품의 경우에 많이 선호하는 방식이다.

또는 시간적 흐름에 따라 각각의 방식을 혼합해서 사용하는 경우도 있다. 시장에 출시된 초기에는 제품에 대한 고객의 생소함을 극복하기 위하여 고객선도형 마케팅을 선택하는 것이다. 그러다 어느 정도 성숙기에 들어서면 고객이 익숙해졌다는 판단 아래 적극적인 의견을 반영하는 고객추종형 마케팅으로 전환하는 것이다. 이처럼 고객추종형과 고객선도형 마케팅은 서로 다른 듯하지만, 결코 모순적이지도 않다. 두 가지 방식 모두 고객의 속마음에 내재된 가치를 만족시켜주는 공통점이 있기 때문이다. 그래서 사람의 마음이 상황에 따라 바뀌듯 추종과 선도의 선택 역시 고객의 속마음이 어떤 것인가에 따라 이루어지는 것이다.

이너모스트 마케팅,
고객의 마음에 다다르는 길

　이동통신산업은 1997년에 PCS 3사의 진출을 계기로 5개 업체가 각축전을 벌이는 춘추전국시대를 맞이했다. 이때 SK텔레콤은 무엇보다 이동통신, 즉 '통화'라는 기본적인 서비스의 만족도를 높이기 위해 전국 방방곡곡에 인력을 파견하여 기지국을 세우는 등 통화 품질을 높이는 것에 주력을 하였다. 이러한 노력은 곧바로 고객으로 하여금 만족감을 느끼게 하였고, SK텔레콤은 통화 품질에 있어서 최고의 경쟁력을 갖출 수가 있었다.

　그러나 통화 품질이라는 가장 기본적인 서비스의 품질을 향상시켰음에도 불구하고 고객들은 speed011에 대해 일종의 선입견을 가지고 있었다. 이른바 '아저씨 폰'이란 이미지가 강했다. 이 때문에 생애 처음으로 휴대폰을 구매하는 젊은 고객들 중에서 선두 업체인 SK텔레콤이 아니라 다른 이동통신업체를 이용하는 경우가 늘어나기 시작했다. 시장에서의 성장이 주춤하게 되자 SK텔레콤은 이동통신 서비스를 처음으로 사용하게 되는 젊은 고객들과의 관계를 재정립하기 위해 TTL 브랜드를 선보이게 된다.

2002년, 이동통신 서비스의 기술이 비약적으로 발전하면서 본격적인 데이터 서비스가 가능해졌다. 음성 위주의 통화 서비스라는 단조로움에 싫증난 고객에게 벨소리나 게임, 음악, 영상 등 다양한 데이터 서비스를 제공할 수 있게 되었고, 이것으로 인해 SK텔레콤은 고객의 마음을 사로잡는데 성공하였다.

고객의 마음을 헤아리며 줄곧 선두 기업의 자리에 있던 SK텔레콤은 번호 이동 서비스의 도입으로 또 다시 급격한 환경 변화를 맞이하게 된다. 2004년부터 시작된 번호 이동 서비스는 이동통신사 간의 무한경쟁을 불러일으켰고, speed011이란 브랜드 역시 '010' 번호 전환 때문에 포기해야 하는 상황이 되었다. 새로운 전기를 마련해야 한다는 필요성을 절감한 SK텔레콤이 치열한 경쟁의 밀림을 헤쳐나갈 수 있는 길은 무엇일까? 그것은 바로 그동안 추구했던 고객가치 중심의 경영이다. 지금까지 시장과 기술력보다 항상 고객의 마음을 헤아리는 동반자의 자세를 지켜왔던 것처럼 앞으로도 변함없이 고객의 곁에 있는 것이다.

이처럼 국내 이동통신산업은 그동안 몇 번에 걸쳐 커다란 사업 환경의 변화를 겪었다. 그때마다 선두 기업이었던 SK텔레콤은 새로운 도전과 위기에 직면하였고 이때마다 가장 먼저 생각한 것은 시장이 아니라 고객이었다. 그리고 현재는 행복천사 등 사랑 나눔의 서비스를 개시하며 서로가 어깨를 맞대고 사는 따뜻한 일촌의 관계를 떠올리면서 SK텔레콤도 그 관계 속에 함께 있다는 사실을 고객들이 자연스레 깨닫게 했다.

그러나 항상 고객의 마음을 헤아리며 마케팅 메시지를 전한다는 것이 말처럼 쉽지는 않다. 시장에서의 경쟁이 치열해지면 기술력과 자본 등 비즈니스적인 요소에 매몰되어 고객을 시야에서 놓치거나 단순히 제품과 서비스를 구매하는 대상으로만 여기는 경우가 많다. 아무리 기술력이 좋고 영업력이 뛰어나다 하더라도 고객의 마음에 들지 않으면 아무런 소용이 없다. 소니가 제아무리 뛰어난 기술력으로 고 사양의 게임기를 만들어내도 고객은 쉽고 재미있게 즐길 수 있는 닌텐도의 게임기를 선택하였다. 그것은 닌텐도가 고객들이 원하는 가치를 이해했기 때문이다. 재미와 편리함이란 본질을 꿰뚫어본 닌텐도는 고객의 마음을 제대로 들여다봤다고 할 수 있다.

하지만 사람의 속마음을 알 수 있는 방법이 말처럼 간단하지 않다. 수많은 변수와 데이터를 대입하면 간단하게 결과를 보여주는 컴퓨터처럼 사람의 마음도 그렇게 알 수 있다면 얼마나 좋을까. 그러나 대략 '어떨 것이다'는 확률만 짐작할 뿐, 실제 고객이 어떤 행동과 반응을 보일지 확신할 수 없다. 그러나 이 확률을 최대한 높일 수만 있다면 성공적인 마케팅일 것이다.

고객의 마음을 이해할 수 있는 확률은 예단과 이론만으로 높일 수가 없다. 어떤 패턴을 찾아내어 고객의 행동을 미리 예측할 수 있다고는 하지만 늘 결과가 마케터의 의도대로 이루어지는 것은 아니다. 예전에 성공했던 마케팅 방식이라는 이유만으로 마치 바이블처럼 떠받들며 그대로 따라한다 해도 그것이 성공을 보장하지 않는다는 말이다.

매번 어떻게 반응할지 알 수 없는 고객에 대하여 이너모스트 마케팅은 현장에서의 경험을 바탕으로 해서 몇 가지 고려해야 할 요소와 프로세스로 이해하려고 한다. '고객통찰력에 기반한 고객가치의 혁신'과 '혁신의 효과를 키울 수 있는 고객 경험의 풍부화', '지속적인 고객 마인드 확보'라는 요소를 프로세스로 정립하여 마케팅을 실행한 것이다. 위의 세 가지 요소를 가지고 이너모스트 마케팅의 프로세스를 정리하면 다음과 같다.

첫 번째, 고객통찰력을 갖추어라. 고객의 속마음을 알아내기 위한 과정이 선행되어야 한다. 이는 '고객이 원하는 것이 진정 무엇일까?' 라는 고민과 더불어 어떻게 하면 비합리적이기까지 한 고객의 행동에 부응할 수 있는지를 알기 위한 노력의 과정이다.

인텔은 고객통찰력을 갖추기 위해 PPR(People and Practice Research)을 운영하고 있다. 인류학과 사회학 전공자들로 이루어진 연구팀은 사람들의 라이프스타일을 연구하여 고객의 잠재된 니즈를 파악하는 것이 그들의 과제이다. 인텔이 중국에 PC를 출시하기 전에 PPR로 조사한 바에 따르면, 중국의 중산층은 PC의 필요성을 인정하지만 PC 때문에 자녀들이 공부를 하지 않을까 걱정이 되어 구매를 주저한다는 것이다. 그래서 출시된 교육용 PC에는 이런 부모들의 니즈를 반영하여 소프트웨어의 이용 제한 장치가 아니라 실제 자물쇠를 달아서 내놓았다. 인텔은 중국에서 자물쇠와 열쇠의 상징적인 의미가 권위와 통제임을 간파하고 이를 실제로 눈으로 보게 하였던 것이다. 당연히 이 제품은 큰 인기를 끌었다.

통찰력을 얻기 위해서는 전통적인 조사도 필요하지만 인텔처럼 고객의 잠재된 욕구까지 파헤칠 수 있는 다양한 노력이 필요하다. 인텔이나 SK의 온라인 쇼핑몰 '11번가'처럼 인류사회학적인 접근까지 시도하는 이유도 매한가지이다. 그리고 고객통찰력에 기반해 상품을 기획했다고 할지라도 고객이 받아들이는 수준에 따라 그 상품을 구현하기 위한 지속적인 노력이 필요한 것은 당연하다.

두 번째, 고객가치의 혁신을 추구하라. 고객통찰력을 통해 발굴해낸 속마음을 만족시켜 주더라도 기존과는 다른 고객가치 혁신을 이루어내야 한다. 고객에 대한 통찰력에 기반해 속마음을 만족시켜주려면 기존과는 완전히 다르다는 느낌을 줄 필요가 있다. 음향 장비를 만드는 업체라면 당연히 '최상의 음질'이라는 가치에 몰두할 것이다. 그런데 뱅앤올룹슨(Bang & Olufsen)이라는 업체는 고객이 오디오를 구입할 때 단지 음질 등 기능만을 원하는 것이 아니란 것을 알아냈다. 고객은 최고의 음향 장비를 구입했다는 자부심과 함께 공간과 어울리는 디자인적인 요소 또한 중요하게 여겼다. 그래서 그들은 동종 업계의 오디오 음향 장비가 경쟁 상대가 아니라 프라다와 같은 명품의 디자인을 경쟁상대로 삼았다. 편의성과 디자인을 갖춘 이 제품은 고객들에게 기존의 음향 장비와는 전혀 다른 새로운 가치를 제공한 것이다. OK캐쉬백 역시 가격 경쟁을 통한 고객 접근이 아니라 고객 스스로가 OK캐쉬백 때문에 SK의 서비스를 이용하게끔 새로운 가치 혁신을 시도하여 성공하였다.

자사가 제공했던 이전 제품이나 동종 업체의 경쟁 제품보다 차별화를 해야 한다는 것도 따지고 보면 전혀 다른 고객가치 혁신을 보여줘야 한다는 의미가 포함된다. 단지 기술적인 업그레이드 등의 차별화만으로는 고객의 마음을 붙잡을 수 없다. 고객가치의 혁신을 보여줄 수만 있다면 기존의 치열한 경쟁 상황에서 게임의 판도 자체를 바꾸는 효과도 있다. 물론 아무도 가지 않은 길을 가야 하는 힘난한 여정을 견뎌내야 하고, 또 자신에게 유리한 경쟁 판도로 굳혀야 하는 노력과 의지가 뒷받침되어야 한다. 그러나 고객가치혁신이 성공적으로 이루어진다면 새로운 경쟁 규칙의 창출과 기존 경쟁사 중심의 경쟁 구도를 전환할 수 있다. 또한 지속적인 시장 선도의 경쟁 규칙을 제시하는 위치, 즉 시장에서의 지배적인 위치에 설 수 있게 된다.

세 번째, 고객 경험을 풍부하게 하라. 속마음에 기반한 혁신의 효과를 극대화할 수 있도록 혁신과 관련된 고객 경험을 풍부화 시켜주는 과정이다. 고객통찰력으로 만들어낸 혁신적인 상품을 가지고 경쟁 규칙을 바꾸었다 하더라도 고객과 제대로 소통이 되지 않으면 빛 좋은 개살구에 불과하다. 다양한 채널을 통해 고객이 풍부한 경험을 할 수 있도록 해야지 혁신에 대한 친근함을 가지는 법이다. 새로운 상품과 경쟁 규칙을 효과적으로 알리지 못한다면 언제든 외면할 수 있는 것이 바로 고객이다.

세계적인 온라인 경매회사 이베이는 고객들의 데이터를 바탕으로 고객 개개인에게 다양한 경험을 하게 하였다. 고객 개개인마다 웹에 접속하여 어떤 활동을 하는지 면밀히 분석한 뒤에 이메일 등 여러 채널을 활용하여 개인적인 관계 맺기를 시도한 것이다. 그 결과, 고객들은 자신이 이베이와 친밀한 관계, 좀 더 특별한 관계라고 여기게 되었다.

고객 경험을 풍부하게 하기 위해서는 고객의 눈높이로, 고객의 언어로 커뮤니케이션이 되어야 한다. 그리고 고객이 일상적으로 접할 수 있는 접점, 즉 다양한 채널을 확보하여 일관되고 효과적인 의사소통을 통해 경험을 제공할 수 있어야 한다.

네 번째, 지속적으로 고객의 마음을 얻을 수 있도록 노력하라. 고객의 잠재된 가치를 충족시켜주려면 혁신적인 솔루션을 다양하고 풍부하게 제공해줘야 한다. 그러나 단 한 번의 이벤트로 그쳐서는 안 된다. 지속적으로 고객을 만족시켜줄 수 있도록 고객의 마음을 붙잡아 놓아야 한다.

고객은 늘 변하는 존재이다. 당장 혁신적인 솔루션이 매력적으로 보였다 하더라도 내일이면 더 근사한 경쟁자가 나타나 마음을 빼앗아갈 수 있다. 다이아몬드를 따라 김중배로 돌아선 심순애에게 넋두리와 분노를 외치는 이수일이 되어본들 초라할 뿐이다. 한번 돌아선 고객에게 애절한 호소보다 미리 떠나지 못하도록 자신의 매력을 업그레이드하는 것이 진정 현명한 마케터인 것이다.

요즘 대형 할인매장을 가면 동일한 규모의 매장 설비와 편의시설, 그리고 상품 진열 등이 거의 엇비슷하다. 이렇게 비슷비슷한 매장들의 경쟁관계에서 고객의 마음을 붙들어 둔다는 것이 쉽지만은 않다. 미국의 어느 할인매장은 가격 할인이나 다양한 상품 진열 등이 아니라 '시간'에 주목하였다. 할인매장에 와서 쇼핑을 한 뒤에 계산을 하려고 줄을 서서 기다리는 것만큼 짜증나고 지루한 것은 없다. 왜냐하면 자신의 볼 일은 끝났기 때문이다. 그래서 이 할인매장은 고객이 2명 이상 줄을 서면 무조건 계산대를 하나 더 열었다. 고만고만한 할인매장들 중에서 계산하는 시간을 확 줄여주는 이곳으로 사람들이 몰리는 것은 당연한 일이었다. 이러한 노력은 반짝 바겐세일과 같은 이벤트가 아니라 꾸준하게 이뤄져야 한다. 한 번 성공한 서비스나 고객만족 사례가 늘 통하는 것은 아니다. 고객의 마음이 어떻게 바뀌고 있는지 면밀히 관찰하여 비록 지금까지 성공한 고객만족 마케팅이라고 하더라도 과감히 버리고 새롭게 고객의 가치를 충족시켜줘야 지속적으로 고객과의 관계를 유지할 수가 있다.

이와 같이 지속적으로 고객의 마음을 붙잡으려면 고객들의 다양한 욕구를 만족시켜줘야 한다. 물론 그럼에도 불구하고 떠나려는 고객들은 있다. 그러나 떠날 땐 떠나더라도 진한 아쉬움을 가지게 해야 한다. 언젠가는 다시 돌아올 수 있는 가능성을 열어두라는 말이다. SK텔레콤은 고객들이 휴대폰으로 인해 일어나는 다양한 일상의 이야기를 '현대생활백서' 시리즈로 만들어 여러 채널을 통해 보여주었다. 이때 나의 이야기가 담겨 있다면 그만큼 브랜드에 대한 공감대가 클 것이다. 이런 공감대 때문에라도 쉽게 떠나지 못할뿐더러 비록 떠나더라도 진한 아쉬움을 느낄 것은 자명하다.

손님이 별다른 물건을 사지 않고 가게 밖으로 나가면 재수 없다고 소금을 뿌렸다간 가게 안에 있는 손님들도 다 떠나버릴 것이다. 그렇다고 떠난 고객만 하염없이 바라보며 돌아오라고 손짓을 하면 안 된다. 남아있는 고객이 괜한 서운함을 가질 수 있기 때문이다. "그럼 나도 한번 떠나볼까? 그럼 좀 더 잘해주려나?" 하고

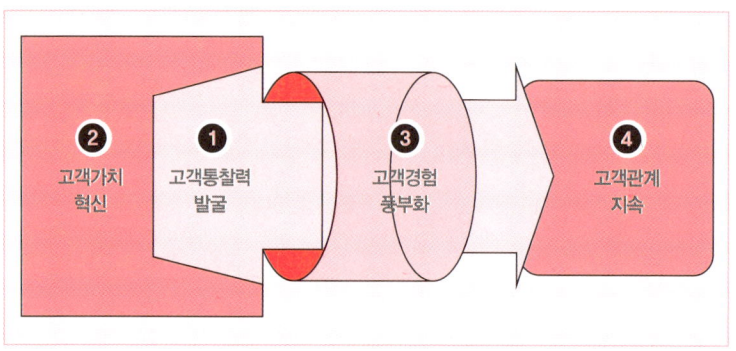

이너모스트 마케팅Innermost Marketing 흐름도

이탈할 수도 있다는 말이다.

　고객과의 일대일 관계에서 대우를 받는다는 기분을 느끼게 해주는 것도 중요하지만 굳이 일대일 관계가 아니라 기업의 전체적인 이미지, 브랜드 이미지의 개선을 통해서도 고객의 마음을 붙잡을 수가 있다. 예컨대, 사회공헌활동에 기반한 마케팅을 활발하게 벌이는 기업이라면 사람들은 정직성, 신뢰성, 긍정성을 떠올리기 마련이다. 기왕이면 다홍치마라고 똑같은 업종의 제품이나 서비스라면 신뢰가 가는 쪽으로 눈길이 가게 된다.

　이러한 이너모스트 마케팅 프로세스는 앞에서 말한 것처럼 일종의 연애이자 커뮤니케이션의 과정이다. 그러나 단 한 번의 이벤트로 호감을 얻는 것이 아니라 꾸준히 사랑의 감정을 느낄 수 있는 연인의 관계를 추구한다. 상대방의 마음을 미리 이해하고,

또 다른 사람들이 보여주지 못하는 나만의 매력, 즉 가치를 보여주는 것이다. 그리고 나의 매력을 충분히 느낄 수 있는 경험을 제공하여 쉽게 내 곁을 떠나지 못하도록 하는 것이 바로 이너모스트 마케팅이다.

Marketing Clue

마케팅은 심리 커뮤니케이션이다

'정글로 가라'는 P&G의 모토는 고객의 통찰력을 강조한 것이다. 사자의 사냥에 대해서 알고 싶다면 동물원이나 책을 볼 게 아니라 직접 정글로 가서 봐야 제대로 알 수 있다. 고객과의 관계에서도 마찬가지이다. 고객의 일상생활을 함께 겪어보고 정서를 직접 느낄 수 있다면 고객에 대한 통찰력이 생긴다는 것이다.

이 통찰력은 어떤 데이터를 나열해서 볼 수 있는 것이 아니다. 고객의 마음을 엿보고 이해하는 과정이다. 여기서 마케팅과 심리학의 접점이 발생한다. 사실 심리학과 마케팅의 관계는 아주 친밀하다. 결국 고객의 '심리'를 제대로 파악하여 고객과 우호적인 관계를 맺어 제품과 서비스를 제공하는 것이 마케팅이기 때문이다.

상대방의 심리를 적절히 파악하고 이용할 수 있다면 마케팅은 좀 더 효율적일 수 있다. 만약에 아이가 방을 어지럽혀 놓고 치우지 않을 때 무턱대고 "깨끗하게 치워!"라고 한다면, 아이는 이것을 잔소리로 받아들여 치우기는커녕 요리조리 도망만 다닐 것이다. 잔소리를 하는 대신에 "필통 좀 정리할래?"라고 하면 아이는 그것만 하면 되는 줄 알고 선뜻 필통을 정리한다. 그럼 공책도 정리 좀 하자, 가방도 치우자는 식으로 하나씩 요구를 보태면 저도 모르게 다 하게 된다. 이를 마케팅에서는 '문전 걸치기 기법 (the-foot-in-the-door technique)'이라고 하는데, 쉬운 요구에는 비교적 잘 응해주는 상대방의 심리를 이용하는 것이다.

마케팅의 대상 자체가 사람이기 때문에 심리학의 접목은 당연하다. 아니 마케팅의 본질 자체가 심리학에 기반을 둔다고 해도 틀린 말이 아니다. 또한 이런 심리학이 내포되어 있는 마케팅의 과정 자체가 바로 커뮤니케이션의 과정이다. 고객과의 교감, 대화, 관계 맺기는 커뮤니케이션의 과정과 똑같다. 문전 걸치기 기법을 소개한 《설득의 심리학》(21세기북스, 2002)이란 책의 제목에서도 알 수 있듯 심리학은 설득의 과정이고, 그 과정이 바로 커뮤니케이션이다.

Part 1

고객통찰력
잠재의식을 끄집어내라

느끼는 것이 먼저다

Marketing Story

"대체 이게 무슨 광고야?" 느닷없이 어항이 깨지고 물고기가 날아다니는 광고가 TV에 나오자 사람들의 반응은 황당함 그 자체였다. 무엇을 광고하는지, 어떤 것을 말하는지 알 수가 없었다. 몽환적인 분위기의 영상은 그 자체로 매력적이었지만 이해하기 어렵다는 단점을 가지고 있었다. 그러나 20대 초반의 젊은 소비자들은 광고에 열광했다. 마치 그들만의 비밀스런 문화를 공유하는 듯 광고에 대해 이야기를 하기 시작했다. 모호한 영상과 정확한 메시지가 없이 단지 'TTL'이란 단어만 제시된 이 광고는 오히려 보는 이로 하여금 갖가지 해석을 불러일으켰다.

이 광고를 한 회사의 경영진도 처음에는 황당하기가 매한가지였다. 광고란 모름지기 제품이나 서비스를 확실하게 알리는, 그야말로 눈도장을 찍는 작업이 아닌가. 그런데 뭘 알리는지 알 수 없는 광고를 하자고 몇 백억 원을 달라니! 경영진은 도저히 직원들을 이해할 수가 없었다. 하지만 젊은 사람들의 생각에 맡겨보자는 주위의 의견에 따르기로 했다. 물론 "광고가 실패하면 모두 해고야!"라는 한마디를 잊지 않았을 뿐이었다.

TTL 광고의 시작은 이동통신의 새로운 패러다임을 여는 계기가 되었다. 이전까지 이동통신은 비즈니스를 수행하는 사람들이 사용하는 고가의 서비스라는 이미지가 강했다. 그런데 TTL은 10대 후반에서 20대 초반의 자유롭고 생기발랄한 '청춘'을 대상으로 이동통신 서비스를 이끌었다. TTL은 서비스 이전과 이후가 기준이 될 만큼 이동통신 서비스의 대중화와 라이프스타일의 변화를 불러왔다.

TTL처럼 전혀 다른, 기존의 관념과 충돌하는 마케팅은 많은 반발을 불러일으키는 법이다. 사람들은 익숙한 것을 선호한다. 새로운 것은 호기심을 불러오지만 낯선 것에 대한 어색함과 뭔가 배워야 한다는 불편함 때문에 대부분 꺼리기 마련이다. 이런 벽을 건너뛸 수 있는 방법은 결국 고객의 정서를 함께 공유하는 것이다. 새로운 기술이나 서비스를 갖추었다고 우쭐한 마음으로 뭔가 가르치겠다는 자세로 고객을 대했다가는 시장에서 리더는커녕 수많은 안티 소비자들의 저항만 받기 십상이다.

고객의 정서를 공유한다는 것은 '똑같은 눈높이로 바라보며, 속마음이 어떤지 알 수 있는 친구와도 같은 관계'를 유지하는 것을 말한다. 또한 멘토링을 할 수 있는 멘토의 역할도 되어줄 수 있어야 한다. 즉 '고객의 잠재욕구를 파악하는 능력'이란 뜻의 고객통찰력(Customer Insight)을 갖추라는 것이다. 이게 바로 고객가치경영의 핵심이자 마케팅의 시작이다. 그러나 고객통찰력이란 것이 '대상에 대해 즉각적이고 분명한 지각이나 이해'라는 사전적 정의처럼 고객을 대하자마자 생기는 것은 아니다. 겉으로 드러난 욕구뿐만 아니라 잠재적인 욕구인 속마음까지 알아차릴 수 있는 고객통찰력은 마케팅 서적과 통계 조사 데이터 정도로는 결코 얻을 수 없다. 현장 경험과 지식이 쌓여야 하고, 무엇보다 늘 고객의 입장에서 생각하는 태도가 몸에 배어야 얻을 수 있는 능력이다.

내면의 욕구를 이끌어내라

TTL은 이동통신산업에서 시도하지 않았던 티저광고를 과감히 실시했는데, 결과는 대성공이었다. 세련된 광고나 CF 모델의 신비감으로 많은 사람들, 특히 TTL의 주 타깃이었던 18세에서 23세의 젊은 층이 공유하는 하나의 문화 아이콘으로 자리 잡았다. 이처럼 TTL의 마케팅이 성공적일 수 있었던 것은 그만큼 고객에 대한 통찰력을 가지기 위한 노력의 산물이기도 했다.

TTL 세대를 이해하기 위한 노력은 그들이 진정 원하는 것이 무엇인지 알기 위한 과정이었다. 특히 당장 누리고 있지는 않으나 곧 원하게 될 라이프스타일이 무엇인지를 중점적으로 고민하였다. 이런 고민은 TTL 세대를 '객관적인 대상'으로 규정한 단순 조사만으로는 해결할 수 없었다. 결국 고객의 입장에서, TTL 세대 일원의 관점에서 생각해야 했다. 그래야 TTL 세대가 느끼고 생각하는 것을 공감할 수 있었고 잠재욕구가 무엇인지 알 수 있었기 때문이다.

장자의 지락(至樂)편에 나오는 우화를 보면, 춘추전국시대의 노나라 왕이 바닷새가 날아온 것을 보고 길조라 여겨 고이 궁으로 데려와 풍악을 울리며 맛있고 귀한 음식을 주었다고 한다. 그러나 바닷새는 음식을 거들떠보지도 않고 슬퍼하기만 하다가 사흘째가 되자 끝내 죽어버리고 말았다. 바닷새를 사람의 방식으로 대하고 기르려 했으니 아무리 정성을 기울였다 하더라도 견딜 수가 없었던 것이다. 새를 키우려면 새의 방식에 맞는 환경과 음식을 제공했어야 했다. 이와 같이 고객의 입장에서 생각하는 것이 마케팅 성공의 비결이며, TTL 마케팅 또한 이렇게 시작되었다.

TTL 마케팅 실무자들은 사무실에서 각종 데이터나 자료를 들여다보는 것보다 강남역과 대학가 등을 돌아다니는데 시간을 더 할애했다. 그리고 지나가는 젊은이들을 관찰하는 것에서 그치지 않고 직접 심층 인터뷰를 통해 마케팅 소재를 찾으려 노력했다. 이런 현장에서의 고객 만남을 통해 TTL 세대의 생활패턴을 파악할 수 있었고 그들만의 대화법이나 정서도 알 수가 있었다.

TTL 세대는 기성세대처럼 판에 박힌 라이프스타일이 아니었다. 그들의 특징은 인과관계를 뚜렷하게 '이해'하려는 것이 아니

TTL 광고 모델 신비주의 소녀 임은경

라 '그냥 느끼는 것'이었다. 논리적인 설명보다 그저 느낌이 좋다면 받아들일 수 있다는 것을 알아냈기 때문에 '신비주의'라는 키워드를 과감하게 내세울 수가 있었다.

신비주의를 집중적으로 내세우기 위해서 광고 모델도 전혀 알려지지 않은 신인을 기용했다. 그래서 선발된 임은경은 신비주의적인 마스크와 약간은 중성적인 이미지로 몽환적인 광고 이미지에 잘 어울렸다. 일관되게 신비주의 콘셉트를 유지하기 위한 노력은 모델 선정에 그치지 않았다. 상당한 시간이 흘렀음에도 모델이 광고에서 말 한마디 못하게 하였고 언론에 노출되지 않도록 철저히 베일에 싸인 존재로 만들었다.

이런 신비주의 전략이 처음부터 순항을 할 수 있었던 것은 아니었다. 광고 자체의 모호함, 당시만 하더라도 생소했던 티저 광고, 대형광고업체가 아닌 '화이트'라는 작은 업체가 제작하는 등 기존의 관행과는 거리가 멀었다. 그럼에도 불구하고 밀어붙일 수 있었던 것은 누구의 독단이 아니라 경영진으로부터 실무자까지 고객통찰력에 대한 이해와 뒷받침이 되었기 때문에 가능했던 것이다.

브랜드 전략에서도 신비주의는 일관되게 적용되었다. 고객들이 선입관을 가지지 않도록 완전 백지상태에서 출발하였고 TTL의 의미를 알 수 있는 풀네임마저 공개하지 않고 계속 이니셜만 노출시켰다. 이런 전략 때문에 사람들은 계속 궁금할 수밖에 없었다.

TTL은 '이해'가 아니라 '느낌'이란 키워드를 내세워 성공했을 뿐만 아니라, 그 세대의 문화를 이해한 마케팅 공략이 성공에 크게 기여했다. 가고 싶지만 비싼 가격 때문에 주저했던 패밀리 레스토랑이나 콘서트와 할인 제휴를 맺었고, 동강 체험 등 색다른 이벤트를 전개했던 것도 TTL 세대의 생활패턴을 집중적으로 파악한 결과였다. 이러한 고객통찰력에 기반한 이너모스트 마케팅은 향후 TTL이 지속적인 마케팅 우위를 유지하는 데 중요한 원천이 되었다.

고객들이 경쟁사보다 더 매력적으로 받아들일 수 있는 제품을 개발하려면 고객의 니즈에 대해 깊은 통찰력을 가져야 한다. 뛰어난 기술력과 막대한 자본을 투입한 서비스라 하더라도 고객이 별로 매력을 느끼지 못한다면 '가장 비싼 쓰레기'에 불과하다. 많은 기업들이 제품 개발 방향을 잡는 단계에서부터 고객의 요구사항을 적극 반영하려는 이유가 바로 이 때문이다.

고객통찰력을 갖추기 위해서는 고객의 잠재욕구를 발굴하려는 지독한 노력과 더불어 지속적으로 수정 보완하려는 의지 또한 가져야 한다. 아무리 잠재욕구를 발굴하였다 하더라도 고객 스스로가 그 잠재욕구를 미처 느끼지 못할 정도로 내면 깊숙이 가라앉아 있다면 잘 모를뿐더러 심지어 거부할 수도 있다. 그렇기 때문에 발굴에서 그칠 것이 아니라 고객이 깨닫게끔 내면에 가라앉아 있는 욕구를 지속적으로 끄집어내려는 시도가 함께 수행되어야 한다.

첫 만남일수록 고객통찰력이 필요하다

이너모스트 마케팅의 핵심인 고객통찰력은 새로운 상품의 성공률이 낮은 시장 상황일수록 더욱 필요하다. 새롭고 낯선 것일수록 설득의 과정은 어렵다. 상대방이 모르는 것을 알게 하려면 나의 입장에서가 아니라 상대방의 입장에서, 상대방의 언어로 이야기를 해야만 받아들일 것이다.

아무리 깨끗한 주방도 음식물 쓰레기 냄새가 난다면 주부로서는 인상을 찌푸릴 수밖에 없다. 수거용 비닐봉투에 담아서 버릴라 치면 물기까지 줄줄 흐르니 짜증은 더해진다. 그렇다고 버리는 것을 게을리하면 썩는 냄새가 집안에 진동을 하니 찝찝할 따름이다.

이런 불편함은 갑자기 생긴 것도 아니요, 평소 몰랐던 것도 아니다. 그러나 모든 주부들이 음식물 쓰레기를 건조시켜 깔끔하게 버릴 수 있도록 하는 음식물 쓰레기 처리기를 생각한 것도 아니다. 즉 잠재된 욕구를 보자면 분명 음식물 쓰레기에 대한 니즈가 존재했으나 표출되지 않았기 때문에 2003년에 제품이 출시되기 전까지 생활용품을 만드는 그 어느 기업도 이런 제품을 내놓지 못했다. 평소 주부들의 욕구에 민감하게 반응하며 제품을 기획해왔음에도 말이다.

루펜리의 이희자 사장과 루펜 제품

쉰이라는 나이까지 전업주부로 지냈던 이희자 사장이 동업자들과 5억 원의 자본금으로 시작한 '루펜리'는 진정으로 고객의 입장에서 생각해보지 않았다면 나올 수 없는 제품이었다. 기업의 입장에서가 아니라 주부의 입장에서 평소 느꼈던 문제점을 기회로 삼아 제품을 개발한 것이었다.

주부들의 잠재된 욕구를 찾아 루펜리가 음식물 쓰레기 처리기인 '루펜'을 만들어 시장에 내놓았지만 곧바로 성공으로 연결되지는 않았다. 출시 전이나 출시 후나 주부들은 이 제품을 꼭 필요한 가전제품으로 인식하지 않았다. 작은 중소기업의 입장에서 제품의 효용성을 알리기도 만만치 않았다. 그뿐만 아니다. 시장이

고객통찰력 · 63

형성되기 시작하자 유사 제품들이 쏟아져 나오고 대기업들도 눈독을 들이기 시작했다. 이제 사업을 막 시작하려는 찰나에 위기는 이미 시작된 것이다.

이 위기를 어떻게 극복할 것인가. 유사 제품의 등장, 기술력과 자본력으로 진입하려는 대기업 등 어느 것 하나 쉽게 뿌리칠 수가 없었다. 루펜리는 위기에 대처하는 자세로 '고객통찰력'을 활용하였다. "루펜하다-가치 있는 일을 하다"는 캠페인을 전개하며 주부들이 루펜을 사용하면서 얻을 수 있는 가치를 알리기 시작했다. 단순히 제품을 많이 팔기 위한 영업 전략보다 고객들이 루펜으로 말미암아 원하는 가치를 제고할 수 있도록 한 것이다.

루펜리는 고객의 입장에서 잠재욕구를 알아내고 이 제품을 통해 고객들의 삶을 한 단계 업그레이드 시킬 수 있다는 점을 꾸준히 알렸다. 또 음식물 쓰레기 처리기라는 용도와는 전혀 어울리지 않을 정도로 깜찍한 디자인으로 2007년 세계 3대 디자인상의 하나라는 '레드닷 디자인 어워드'를 수상하기도 하였다. 루펜리는 2003년 설립 이래 2007년 1,000억 원의 매출을 달성하며 승승장구하고 있다.

결국 루펜리의 승승장구는 뛰어난 기술력과 막대한 자본력, 대대적인 광고로 된 것이 아니었다. 오히려 쉽게 모방할 수 있는 제품의 한계, 상대적으로 취약한 영업력 등 기존의 마케팅으로는 실패할 수밖에 없는 상황이었다. 그러나 루펜리는 고객의 입장에서 고객을 생각하는 이너모스트 마케팅을 했기 때문에 성공할 수가 있었다.

이와는 반대로 공급자의 입장에서 생각하다가 실패한 경우가 있다. 중국의 상하이에는 세계 최초로 상용화된 자기부상열차가 있다. '세계 최초'란 말은 '선점의 효과'에 대해 잘 알고 있는 모든 마케터들이 꿈꾸는 단어일 것이다. 더욱이 최첨단 기술력을 자랑하는 것이니 공급자의 입장에서는 뿌듯하고 자신만만한 제품이었을 것이다. 그러나 이 열차는 적자투성이다. 하루 평균 승객 수가 7천여 명이고, 주말에는 9천여 명에 불과한 이 열차의 수입은 일 년에 1억3천만 위안을 넘지 않는다고 한다. 그러나 프로젝트 추진 비용으로 60억 위안을 대출받았고 이자만 매년 3억 위안을 지불해야 하니 승차권 판매 수입으로는 이자조차 지불하지 못한다.

최첨단 미래운송수단으로 각광받으리란 생각에 프로젝트 수립 단계에서부터 성공을 호언장담했지만 결과는 참혹했다. 사업 초기에는 호기심으로 사람들이 몰렸지만 그마저도 점점 줄어들고 있다. 왜 이런 일이 벌어졌을까? 원인은 바로 위치 선정에 있었다. 열차를 타기 위해서 공항에서 10분 이상을 걸어야 하고 그나마 정거장도 얼마 안 된다. 생각해 보라. 이런 불편함을 무시하고 열차를 이용할 사람이 얼마나 되겠는가. 이제는 운송 기능보다 관광명소에 불과할 뿐이다. 결국 자기부상열차가 운송 수단으로서의 제 기능을 활용하도록 프로젝트를 수립하지 못하고, 기술력과 세계 최고라는 허울 좋은 명분에 사로잡혀 실패하고 만 것이다.

자기부상열차라는 엄청난 프로젝트와 비교했을 때 너무나도 미약한 음식물 쓰레기 처리기가 시장에서 환영받을 수 있었던 것은 다름 아닌 고객통찰력 덕분이다. 주부의 입장에서, 주부의 눈으로 바라본 생활의 불편함을 해결해주는 아이디어와 제품 개발이었기 때문에 성공할 수 있었던 것이다. 루펜의 성공 역시 이와 다르지 않다. 루펜은 초기에 분쇄식으로 개발되었다.

그런데 주부들이 매번 세심하게 이물질을 걸러내는 것이 아니어서 포크 등 음식물이 아닌 것들이 들어가는 일이 종종 발생했다. 그 탓에 기계에 고장이 생기는 경우가 많았고, 고객의 불만도 높아만 갔다. 이에 루펜은 '사용시 주의사항' 등을 통하여 교육하거나 음식물 쓰레기를 버리는 습관을 고치려 들기보다는 철저히 주부의 입장에 서서 해결하려는 자세를 보였다.

그 결과 분쇄식이 아닌 건조식 음식물 쓰레기 처리기가 탄생한 것이다. 또한 주부들이 음식물 쓰레기 하면 떠올리는 것이 바로 냄새라는 점에 착안하여 다른 음식물 처리기보다 탁월한 냄새 제거 기술을 적용하였다.

고객도 미처 알아차리지 못한 잠재욕구를 발견하여 새로운 시장을 창출하는데 필요했던 것은 그 어느 것도 아닌 고객의 입장에서 생각하는 태도 하나였다. 고객통찰력 하나로 복잡한 기술이 없어도 새로운 시장창출이 가능했던 것이다. 이후로도 루펜은 음식물 처리기를 사용하는 주부들이 늘면서 자연스럽게 고객의 요구사항과 눈높이가 높아지는 것을 놓치지 않고 초심, 즉 주부의 입장에서 끊임없이 기술개발을 시도하고 있다.

Marketing Clue

고객의 잠재의식까지 읽어내라

고객조차 미처 인식하지 못하고 있는 고객의 마음을 알아내는 방법이 있다면? 동화《백설공주》에 나오는 마법 거울처럼 모든 진리를 말해주는 것이라도 있으면 좋겠지만 현실은 그렇지 않으니 다른 방법을 찾아보자. 아마도 하버드 경영대학원 교수 제럴드 잘트만(Gerald Zaltman)이 개발한 정성 조사 기법인 'ZMET'가 마법거울을 대신할 수 있지 않을까.

'ZMET'는 우선 소비자로 하여금 조사 대상을 보고 떠올릴 수 있는 그림이나 사진을 가져오게 하여 그것에 대한 이야기를 듣는 조사 기법이다. 그때 소비자가 대상에 관해 어떤 은유를 사용하는지, 그 이유가 무엇인지를 일대일 면접을 통해 심층적으로 파악한다.

"인간의 사고는 95%의 무의식에서 일어난다. 나머지 5%도 언어로 나타낼 수 없는 경우가 많다." 잘트만 교수의 말은 고객 스스로가 자신의 잠재된 욕구를 미처 다 알지 못하고 있다는 것을 뒷받침한다.

다양한 시장 조사 결과를 검토하는 것은 중요하다. 그러나 조사 데이터, 수치로만 잠재된 고객의 욕구를 알 수는 없다. 무엇보다 자신의 경험을 바탕으로 한 고객통찰력으로 고객의 잠재된 욕구를 파악한다면 더욱 성공적인 마케팅을 할 수 있을 것이다. 고객통찰력이야말로 고객의 관점에서 시장을 경쟁사와 다르게 바라볼 수 있게 도와주고, 그로 인해 고객이 진정 원하는 것이 무엇인지 발견할 수 있게 도와주는 천리안(千里眼)이기 때문이다.

코카콜라는 브랜드 콘셉트를 위한 조사기법으로 'ZMET'를 활용하였다. 코카콜라를 생각하면 떠오르는 이미지를 가져오라 하자 어떤 사람이 '관중이 가득 차 있는 축구 경기장에서 명상에 잠겨있는 불교 승려' 그림을 가져온 것이다. 이것은 많은 사람들이 생각하는 코카콜라의 이미지와는 전혀 달랐다. 그러나 분명 어떤 의미가 있으리라 생각한 조사자는 심층 인터뷰를 실시했다.

코카콜라의 기존 이미지는 '에너지 충전, 갈증 해소, 해변의 즐거움' 등이었다. 그러나 그 이면에는 '고요함'이나 '고독', 그리고 '긴장 해소'와 같은 상반된 이미지도 담겨 있다는 것을 알 수가 있었다.

이처럼 고객은 마케터조차 알지 못하는 의미를 알고 있다. 다만 그것을 평소에 표출시키지 못하고 잠재된 의식 안에 간직하고 있을 뿐이다. 이 잠재된 의식을 알아내는 것이 바로 마케터의 몫이다.

공감하고 또 공감하라

 Marketing Story

서울에서 직장을 다니는 A 씨는 애인에게 줄 생일선물로 옷을 사기 위해 부산에 있는 고향 친구에게 전화를 했다.

"그럼 30분 후에 만나서 이야기하자."

"오케이!"

평소 패션 감각이 뛰어나기로 소문이 나 있는 친구는 A 씨를 위해 흔쾌히 그러자고 했다.

그런데 각각 부산과 서울에 떨어져 사는 두 사람이 30분 후에 만나다니? 아무리 KTX에 비행기까지 오가는, 전국이 일일 생활권이라지만 축지법을 쓰지 않는 한 서울과 부산에 있는 두 사람이 30분 만에 만나서 옷을 산다는 것은 불가능해 보인다. 그렇다면 과연 그들은 약속을 지켰을까?

결론부터 말하자면 "그랬다"이다. 그들은 정확히 30분 뒤에 약속된 곳에서 만나서 함께 이야기를 나누면서 쇼핑을 했다.

서울과 부산이라는 물리적 거리에도 불구하고 그들이 30분 만에 만날 수 있었던 것은 바로 인터넷 쇼핑몰 '11번가'의 '채팅' 기능 덕분이다. SK텔레콤에서 운영하는 11번가 쇼핑몰에서는 실시간으로 채팅을 하며 쇼핑을 할 수 있기 때문에 굳이 오프라인에서 만나지 않아도 서로의 의견을 나누며 함께 만족스런 쇼핑을 할 수가 있다.

SK텔레콤의 성공적인 마케팅에는 숨은 공신이 있다. 물론 새로운 사업이나 상품, 그리고 서비스 아이템을 발굴하는 조직은 어느 기업에나 있기 마련이다. 하지만 SK텔레콤의 신천지를 찾아다니는 조직인 HCI(Human Centered Innovation) 팀은 뭔가 특별한 것이 있다.

HCI팀은 막연히 '뭔가 새로운 것이 없을까?', '기발한 아이디어가 나와야 하는데' 하며 책상 앞에 앉아 상상의 나래를 펼치지 않는다. 그들은 'HCI 방법론'으로 신규 사업과 아이디어를 찾는다. 그것은 다름 아닌 고객으로부터 '직접' 방법을 찾는 것이다. 실제로 HCI팀의 현장은 사무실이 아니라 고객들의 집이나 일터이다. 먼저 온라인 쇼핑을 많이 이용하는 고객, 영상통화를 많이 하는 고객, 무선인터넷을 많이 이용하는 고객, 무선인터넷을 전혀 이용하지 않는 고객, 휴대전화를 통화가 아닌 게임이나 전자수첩처럼 엉뚱한 용도로 사용하는 고객 등 다양한 대상을 분류한다. 그리고 각 분야를 대표하는 고객들을 발굴해 며칠간 함께 생활하며 관찰하거나 거의 한나절 동안 집중 인터뷰를 통해 무엇을 원하고 필요로 하는지 찾아낸다.

HCI 방법이란 다큐멘터리 프로그램인 〈인간극장〉처럼 고객의 일상을 옆에서 관찰하는 것에서 시작한다. 일상적인 행동이나 대화를 눈여겨보며 "왜 저럴까?"라는 질문을 던지고 그 대답 또한 직접적인 대화를 통해서가 아니라 가급적이면 고객의 행동에서 찾는다.

인터뷰를 하더라도 원하는 것이 무엇인지, 불만이나 불편한 점이 어떤 것인지를 직설적으로 묻기보다 자연스러운 고객의 경험이나 느낌을 듣는 것으로 진행된다. 고객 스스로가 아직까지 제품이나 서비스에 대해 정확하게 알지 못한 상태라면 질문을 한들 진솔한 답변이 나오기 힘들기 때문에 고객의 행동을 관찰하거나 직관적인 느낌을 듣는 것이다. 그 과정에서 고객의 잠재된 욕구를 찾아내는 것이 HCI의 과제이다.

감정이입 디자인에 몰입하라

관찰조사(Observational Research)는 소비자 개개인에 대한 깊이 있고 지속적인 관찰을 통해 내면적인 욕구와 동기를 파악하고자 할 때 활용되는 방법이다. 어떤 특정 문화를 파악하려면 겉으로 드러난 모습만 가지고서는 판단할 수 없다. 그래서 직접 현장에 참여하여 생활양식 전반을 관찰하는 문화인류학적인 방법을 동원한다. 마케팅에서도 문화인류학적인 방법을 활용하는 경우가 있는데, 그 중 하나가 '감정이입 디자인(Empathic Design)'이다. 사용

고객 잠재욕구를 탐색하고 있는 SKT의 HCI팀

자의 환경에 참여하여 사용자의 관점에서 살펴보고 체험하며 느꼈던 공감 혹은 감정이입을 통해 시장기회를 발견하기도 한다.

P&G는 직원들이 직접 소비자들과 일정 기간 함께 지내며 생활하는 '리빙잇(Living it)' 제도를 운영한다. 고객과 함께 있으면서 그들의 생활패턴을 관찰하고 의견을 구하는 것이다. 실제로 이 제도를 통해 멕시코에서는 열악한 경제 사정으로 옷을 많이 갖고 있지 않기 때문에 세탁을 중요하게 생각하고 있지만, 세탁에 사용되는 물을 많이 아까워한다는 사실을 알아냈다. 그래서 최소한

의 물로 조금만 옷을 헹궈도 되는 섬유유연제를 개발하여 큰 성공을 거두었다고 한다.

    SK텔레콤의 HCI팀 역시 이러한 관찰 조사를 직접 제품에 적용하여 활용하고 있다. HCI팀이 발굴한 것 가운데 하나가 인터넷 쇼핑몰인 '11번가'를 다른 인터넷 쇼핑몰과 차별화시켜 주는 '채핑' 기능이다. 채핑이란 채팅과 쇼핑을 합한 말이다. 멀리 떨어져 있는 친구들과 11번가 쇼핑몰에서 만나 채팅을 하며 온라인 쇼핑을 하거나 혹은 동일 상품을 사러 11번가로 온 네티즌끼리 채팅을 하며 상품에 대한 의견을 나누는 것이다. 이 또한 온라인 쇼핑을 즐기는 네티즌의 행동을 직접 몇 시간 동안 함께 있으면서 얻어낸 아이디어의 산물이다.

    이런 마케팅 방식은 쉽게 모방할 수가 없다. 형식이야 흉내 낼 수 있을지언정 제대로 된 성과를 얻기는 힘들다는 뜻이다. 작은 중소도시의 시청을 배경으로 한 드라마 〈시티홀〉에서 시의원이 시장에서 나물을 파는 할머니에게 2,000원어치를 사면서 500원을 깎아달라는 장면이 나온다. 그러자 할머니는 "대체 500원을 깎아서 뭘 할 거냐"고 반문한다. 말문이 막힌 시의원에게 할머니는 그 500원이 있으면 손자의 학용품을 사줄 수 있다고 말한다. 시의원 딴에는 서민들의 삶을 이해하는 듯 보이고 싶어 재래시장을 돌면서 가격흥정을 한다지만 실제 그들의 삶을 이해하기는커녕 위선의 모습만 보이는 것이다. 결국 시의원은 시장 상인들과 악수한 자신의 손을 손수건으로 닦고 나물은 쓰레기통에 버린다. 그리고 서민들을 위하는 자신의 진심을 몰라준다며 시장 상인들에게 투덜댄다. 반면 주인공으로 나오는 신미래는 서민들을 위해 봉사하는 공무원이 아니라 아예 그들의 삶 깊숙이 들어가 함께 동고동락을 한다. 당연히 주위의 사람들은 신미래를 믿고 의지하며, 때론 신미래의 편이 되어주기도 한다. 신미래는 서민들과 함께 느끼며 그들과 같은 감정을 이입했던 것이다. 그리고 거기에 맞게 자신의 행동과 태도를 디자인했기 때문에 환영받을 수 있었다.

마케팅도 이와 다를 것이 없다. 특히 고객의 일상 속에 함께 들어가 행동을 관찰하고 고객의 경험과 느낌 속에서 찾아낸 아이디어는 아무도 흉내 낼 수 없는 아이디어이다. 시의원이 신미래의 행동을 흉내야 낼 수 있겠지만 진정 그들 속에 들어가지 않는 한 서민들의 동반자로 인정받지는 못할 것이다.

한 꺼풀 더 벗기고 다시 한번 들여다보라

실용성을 강조한 제품인 노트북은 이동성과 기능성이란 두 가지 목적이 구매 기준이라고 할 수 있다. 이동할 때 가벼워야 함은 물론이고 업무 시 기능이 모자라서도 안 된다. 그런데 모바일과 기능성이란 기준을 모두 만족시키려면 노트북의 가격이 높아지는 것은 피할 수 없는 일이다.

불과 얼마 전까지만 하더라도 노트북 시장은 얇고 가벼우면서도 데스크탑에 못지않은 기능을 구현하는 고가의 프리미엄 제품이 주류를 이루고 있었다. 그래서 노트북이 필요한 사람들은 울며 겨자 먹기로 비싼 가격을 지불하고서라도 구매할 수밖에 없었다. 더군다나 고객은 채 일 년도 안 돼서 자신의 비싼 노트북이 한물간 중고품으로 전락하는 것을 속 쓰린 마음으로 지켜보아야 했다. 상황이 이러하니 제 아무리 '무이자 할부'로 고객을 유혹해도 '반드시' 필요한 사람이 아니고는 노트북 구매가 망설여지는 것은 당연한 일이다.

사실 노트북을 가지고 고사양의 게임을 한다거나 그래픽 작업을 하려는 사람은 드물다. 대부분의 노트북 사용자들은 간단한 문서 작업이나 이동하면서 이메일을 확인하는 정도에 불과하다. 그래서 고가의 노트북을 앞에 두고도 활용도가 낮은 것에 대해 고객은 '괜한 낭비를 한 게 아닌가' 하는 후회를 하기도 한다. 이런 사람들의 심리를 간파하고 나온 것이 바로 '넷북'이다.

넷북이 등장하기 전까지는 노트북의 이동성을 강조하려면 그만큼 가격은 더 비싸졌다. 작으면서도 기능은 제대로 구현해야 한다는 이유로 첨단 부품을 사용하다 보니 노트북이 작고, 얇고, 가벼울수록 더 비싼 가격을 지불해야 했던 것이다. 그러나 넷북은 과감히 '마이너스 옵션'을 적용하였다. 저사양의 프로세서를 탑재하여 가격을 파격적으로 낮춘 것이다. 대신 이동성을 더욱 강조하였다. 기존의 노트북보다 크기를 작게하고 무게 또한 가볍

출시 일 년여에 10만대나 판매한 넷북

게 해 여자들의 가방에도 쏙 들어갈 정도로 작고 가벼워졌다.

물론 사양을 낮추었다고 하여 인터넷이나 문서작업을 하는 데 지장을 주는 것도 아니었다. 그래서 고객들은 꼭 필요한 기능을 갖추고도 60~80만 원 정도의 가격대를 유지하는 이 작고 가벼운 넷북을 무척이나 매력적인 존재로 생각했다.

실제로 40만 대 이상이 팔려나간 노트북 시장에서 넷북은 10만 대나 팔렸다. 대만에서 넷북을 처음 출시한 지 일 년여에 불과하다는 것을 감안하면 이것은 가히 파격적인 성공이라고 할 수 있다. 이런 넷북의 성공은 삼성이나 LG같은 대기업을 유혹하기에도 충분했다. 대기업이 이런 알토란과 같은 넷북 시장을 놓칠 리 없으니 말이다.

넷북의 성공은 마케터에게 중요한 시사점을 보여준다. 기술적인 진보를 바탕으로 시장을 선도하려는 것이 아니라 오히려 기술적 성과를 다운그레이드 함으로써 성공하였다는 것이다. 물론 여기에는 고객들의 기존 노트북에 대한 잠재욕구를 읽어냈다는 것이 중요한 포인트로 작용된다. 집집마다 컴퓨터가 있을 만큼 정보통신문화가 발달했기 때문에 저사양의 노트북은 비즈니스에 종사하는 사람들에게만 국한되지 않는다. 리포트를 써야 하는 대학생이나 가정에서 간단히 PC를 사용하는 주부들 역시 많이 찾는 제품이다. 시장의 확대 가능성은 여전히 존재하고 있었던 것이다.

예상대로 '싸고 가벼운 노트북'에 대한 수요는 넘쳐났다. '노트북'이 주는 '이동성(mobility)'을 동경하면서도 높은 가격 때문에 기존의 노트북을 쉽게 구매할 수 없었던 사람들이 넷북으로 몰려들었다. 진정한 이동성을 구현하는데 넷북만큼 적격인 제품은 없었던 것이다.

마침내 넷북은 노트북 시장의 새로운 패러다임을 만들어냈다. 이는 모든 노트북이 이동성과 완벽한 기능성이라는 두 가지 특성을 쫓으며 '프리미엄' 시장으로 질주하고 있을 때, 넷북은 '싸고 가벼운 노트북은 없을까? 난 문서작업과 인터넷만 하면 되는

데…'라는 사람들의 잠재욕구를 읽어낸 결과였다.

  마케팅의 핵심은 고객에 대한 이해 정도라고 해도 과언이 아니다. 넷북의 성공은 노트북에 대한 고객의 잠재된 욕구를 이해한 마케팅의 성과라고 볼 수 있다. 고객의 마음을 한 꺼풀 벗겨보면 속에는 미처 알지 못했던 욕구와 아쉬움 등이 있다. 그런데 이를 생산자의 관점에서만 보면 비효율적이고, 기술적인 관점에서도 진보가 아닌 퇴보를 요구하는 것 같다. 하지만 그런 고객들의 시선이 바로 현실에서 요구하고 만족하고픈 가치이다.

Marketing Clue

다른 관점, 새로운 프레임으로 승부하라

획기적인 기술이 있어야만 항상 시장에서 성공하는 걸까? '새롭다'는 의미를 무에서 유를 창조하는 창의력의 산물로 봐야 하는 것일까? 그러나 시장에서 성공한 제품 중에는 뛰어난 기술력과 새로운 창조의 산물이 아닌 것들이 있다. 새로운 경쟁의 법칙으로 제품을 평가하게 하거나 혹은 고객들이 미처 생각하지 못했던 방식으로 유익한 필요성을 제시해준다면 얼마든지 시장의 선두 업체가 될 수 있다. '11번가'나 '넷북'의 사례만 하더라도 그렇지 않은가. 이들은 기존의 관점과 룰을 비켜나가도 얼마든지 성공의 가능성이 존재한다는 것을 잘 보여준다. 이른바 '프레임 효과(Framing Effect)'이다.

심리학 용어인 프레임 효과는 어떤 의사결정 과정에서 정보가 어떻게 제시되는지에 따라 그 결과가 사뭇 다르게 나타나는 것을 말한다. 즉 정보를 어떤 틀(Frame)로 보여주느냐에 따라 해석과 이해하는 결과가 달라질 수 있다는 뜻이다. 우리나라의 속담인 '아 다르고 어 다르다'는 말도 프레임 효과를 나타낸다고 볼 수 있다.

마케팅에서도 프레임 효과는 많이 활용되었다. 어떤 제약회사에서 획기적인 암 치료제를 만들었다. 이 약은 치료 성공률이 절반에 못 미쳐 사망률이 55%라고 한다. 그렇다면 광고 카피를 '55%의 사망률을 보인다'고 해야 할까? 하지만 그 어떤 제약회사도 치료제를 광고하면서 '사망률'이란 부정적인 단어와 정보를 내세우지 않는다. 한마디로 제 무덤 파는 짓은 하지 않는 법이다. 그래서 대부분의 제약회사라면 '45%의 생존율'을 강조한 광고 카피를 뽑아낼 것이다. 비록 절반에도 도달하지 못하는 치료 효과이지만 분명 사람들은 부정적인 사망률이란 단어보다 생존율이란 긍정성에 더 주목할 가능성이 높다. 이처럼 고객에게 어떻게 전달될 것인가를 생각한다면 당연히 같은 '사실'이라 하더라도 의도적으로 보여주고 싶은 프레임을 제시하는 것이 맞다.

'55%의 사망률'이나 '45%의 생존율'이나 같은 이야기이다. 그러나 정보를 어떤 형태로 전달하느냐에 따라 고객이 받아들이는 것은 사뭇 다르다는 것을 알기에 프레임 효과를 적용하였다. 이처럼 프레임 효과는 경쟁의 법칙을 바꾸기 위해 온갖 노력을 다하는 마케터에게 매력적인 기법이다. 비록 제품 자체가 바뀌지는 않았지만 그것을 바라보는 고객의 시선을 바꿈으로써 성공할 수 있기 때문이다. 그러나 무조건 규칙을 바꾼다고 해서 게임에서 승리하는 것은 아니다. 아무리 '이 컵에는 물이 반이나 남았습니다'라고 하더라도 '애걔, 겨우 물이 반 밖에 남지 않았네'라고 받아들인다면 말짱 헛수고가 되기 때문이다.

게임의 규칙을 바꾸는 일, 즉 프레임을 바꾸려면 무엇보다 고객에 대한 이해가 우선 되어야 한다. 고객이 제품을 어떻게 생각하는지, 어떤 경험을 얻고자 하는지 이해를 하고 있어야만 새로운 프레임을 제시할 수 있다. 겉으로 알 수 있는 고객의 의사표현 말고 잠재적인 욕구까지 알고 있어야 남들이 보지 못하는 새로운 관점을 찾아낼 수가 있는 것이다.

타이밍을 놓치지 마라

 Marketing Story

여대생 K양은 캐러멜 마끼야또를 마시러 테이크아웃 커피전문점에 들렀다. 자신의 차례가 되자 점원에게 돈 대신 휴대폰을 내밀며 주문한다. 뒤에 있던 나이 지긋한 회사원 아저씨는 여대생의 행동에 의아한 듯 고개를 갸웃거린다.

K양은 주문한 캐러멜 마끼야또의 맛을 음미하며 흐뭇한 미소를 짓는다. 그리고 휴대폰을 꺼내 들어 남자친구에게 '기프티콘 답례하기' 기능을 이용하여 햄버거를 선물한다. 물론 "선물 너무 고마워^^"라는 문자 메시지도 잊지 않는다.

요즘 K양은 남자친구와 종종 '기프티콘'을 주고 받으며 애정도 확인하고 일상의 재미도 즐긴다. 예전에는 작은 선물 하나를 전해주기 위해서도 많은 시간을 투자해야 했기 때문에 마음과는 달리 선물하기가 쉽지 않았다. 하지만 '기프티콘'은 따로 시간을 내서 물건을 구매하거나 포장하지 않아도 되고, 선물을 전해주기 위해 바쁜 시간을 쪼개 달려가지 않아도 된다. 덕분에 예전보다 더 자주 남자친구와 선물을 교환하게 되었다.

위의 이야기는 지난 2006년 12월에 론칭하여 현재는 SK마케팅 앤컴퍼니와 SK텔레콤이 공동으로 제공하는 '기프티콘' 서비스의 한 사례이다. 기프티콘은 네이트온 메신저와 유무선 네이트 홈페이지를 통해 소액의 선물을 주고받을 수 있는 모바일 전자상거래형 메시지 서비스이다. 메신저와 홈페이지에서 선물을 고른 뒤에 결제를 하면 상대방에게 가까운 매장에서 선물을 받을 수 있도록 바코드가 전송이 되는 시스템이다. 약 20여 개의 제품으로 서비스를 시작한 기프티콘은 '선물주기' 뿐만 아니라 '답례하기'와 '선물조르기' 기능까지 추가하여 더욱 재미를 느낄 수 있도록 하였다. 그리고 전시회나 속옷 선물 등 약 300여 개의 다양한 선물을 갖춰 고르는 즐거움도 선사하고 있다.

기프티콘 서비스 이용 실적도 놀랍도록 상승하고 있다. 2009년 상반기에는 서비스 이용이 300만 건이었다. 이는 전년도 같은 기간의 92만 건에 비해 배로 급증한 것이다. 기프티콘 서비스는 소액 선물에 대한 이용 욕구를 잘 포착한 성공사례라고 할 수 있다. 그러나 단지 고객의 욕구를 파악했다는 것만으로 성공이 보장되는 것은 아니다. 서비스를 이용하고 싶다고 하더라도 할 수 있는 환경이 아니거나 방법에 익숙하지 않으면 그저 잠재된 욕구에 불과하다. 기프티콘의 성공은 고객들의 욕구가 실현될 수 있는 환경이 되었기 때문에 성공할 수가 있었다.

　이제는 휴대폰으로 광고 메시지를 받는 것에 익숙하다. 뿐만 아니라 벨소리나 대중교통 이용 등 휴대폰 하나로 다양한 서비스를 하는 것에 전혀 낯설지가 않다. 따라서 사용자는 휴대폰으로 바코드를 전송받아 사용하는 시스템에도 쉽게 익숙해질 수가 있었다. 또한 우리나라에서 메신저 점유율 1위인 네이트온을 통한 서비스 이용도 접근성을 높이는데 한 몫 했다.

2008년 크리스마스 기프티콘 대잔치

SK마케팅앤컴퍼니의 기프티콘 서비스는 고객통찰력과 더불어 적절한 서비스 시행 '타이밍'의 조화로 성공할 수 있었다. 모바일 광고 서비스는 수년 전부터 지속적으로 실시했으며, 2001년부터 네이트를 통해 '돈 되는 정보', '애드모아' 등 업그레이드 된 광고 모델을 선보였었다. 그리고 고객에게 가장 어필할 수 있는 기프티콘 서비스를 개발한 것이다.

이처럼 고객들이 모바일을 이용한 서비스에 익숙하지 않았더라면 전송받은 바코드를 매장에 가서 휴대폰 바탕화면에 띄워 점원에게 보여주는 상황 자체를 낯설어할 수 있다. 결국 서비스가 제대로 이용되지 못한 상황이 되고 마케터는 '좋은 아이디어였는데 왜 이용을 안 할까?' 하며 어이없게도 고객의 무지만을 탓하며 투덜댈 수도 있었을 것이다.

고객이 받아들이는 시기를 포착하라

고객통찰력이 뛰어나다고 해서 항상 마케팅이 성공하지는 않는다. 기업이 새로운 것을 시도하다 보면 낯선 것을 받아들여야 하는 고객의 불편과 상충되는 면이 없지 않다. 이러한 불편을 참지 못하는 고객은 아무리 뛰어난 제품과 서비스가 나오더라도 일단은 외면부터 하는 경향이 강하다. 따라서 뛰어난 고객통찰력으로 고객이 원하는 것을 찾아냈다면 그들 속으로 파고들 수 있는 가장 효과적인 시기를 포착하는 것도 중요하다. 즉, '남보다 성공하려면 한 발이 아닌 반 발짝 앞서야 한다'는 마케팅 업계의 격언처럼 고객통찰력과 시대감각이 맞아 떨어져야 한다.

휴대폰이 일상생활의 필수품으로 자리 잡게 되자 이동통신업계는 무선인터넷을 통한 전자상거래 서비스의 가능성에 주목하기 시작했다. 언제 어디서나 이용할 수 있는 휴대폰의 이동성과 편리함은 금융결제방식에 혁신을 주도할 것이라 예상한 것이다. 특히 시장점유율 1위 업체인 SK텔레콤은 가입자 수가 포화 상태였기 때문에 통화에 의존하는 방식으로는 더 이상 성장을 꾀하기가 어려운 상태였다. 새로운 성장 동력을 찾아야 하는 SK텔레콤의 입장에서는 이동통신과 금융서비스의 컨버전스는 꽤 매력적인 사업 아이템이었다. 이런 배경으로 등장한 모바일 금융 사업이 바로 'MONETA'였다.

SK텔레콤은 2001년에 스마트 카드 기반의 다기능 모바일 카드인 모네타 카드를 출시하였다. 그리고 2002년에는 모네타 카드를 삽입한 단말기인 '모네타 폰'을 출시하면서 무선인터넷에서 전자상거래와 금융 거래를 이용할 수 있는 서비스를 실시하였다. 모네타 카드는 전자화폐와 OK캐쉬백, 교통카드 기능, SK텔레콤 멤버십 기능 등을 한 장의 카드에 합친 것이다. 이 카드를 이용하면 신용카드를 비롯한 여러 기능을 따로 입력할 필요없이 모네타 폰을 전용 카드판독기에 갖다 대고 휴대폰 화면에 비밀번호만 입력하면 간편하게 결제를 할 수 있었다. 여러 장의 신용카드와 멤버십 카드, 교통카드, 통장 등 분실 위험이 높은 결제수단을 모두 가지고 다니는 불편함을 없앨 수가 있었다.

새로운 것을 시도한다는 것은 낯선 것을 받아들여야 하는 것이라서 마냥 쉽지만 않다. 모네타 서비스는 당시 인터넷의 보급이 확산되고 휴대폰의 대중화가 막 이루어지던 때에 내놓은 획기적인 서비스였다. 그러다 보니 휴대폰을 이용하는 사람들 중에서도 트렌드에 민감하고 서비스의 편리함을 일찍 깨달은 얼리어답터들은 이것을 반기며 곧바로 생활 속에서 활용했지만, 많은 사람들이 이용하기에는 아직까지 시간이 더 필요했다.

그러나 모네타의 상상력이 모바일 라이프의 새로운 흐름을 창출할 수 있는 원동력이 되었다는 것은 분명한 사실이다. IT 인프라의 확대와 휴대폰의 대중화라는 환경 변화는 갈수록 가속도가 붙었고, 이제 모바일 서비스는 일상화된 문화로 여겨지고 있다. 이처럼 휴대폰이 대중적으로 보급되기 시작하던 때에 이미 휴대폰의 일상화, 모바일 컬처(Mobile Culture)의 도래를 예측하였다 그리고 혁신적인 서비스였음에도 불구하고 얼리어답터들이 보여준 모네타에 대한 호응은 모네타의 서비스가 고객들에게 파고들 수 있는 시기가 그다지 멀지 않았다는 것을 전략적으로 판단 가능하게 해주었다.

만약 휴대폰의 대중화가 되지 않았다면 모네타 서비스는 그저 '기술적'인 진보와 성과로만 인식되었을 것이다. 그러나 미래를 예측하고 미리 혁신적인 서비스를 내놓았기 때문에 모바일 서비스의 리더가 될 수 있었다.

모네타는 대중교통이나 모바일 결제 서비스의 물꼬를 튼 주역이었다. 모네타로 말미암아 'M-커머스'의 활성화를 위한 노력은 계속되었으며, 점차 모바일 결제가 일상적인 문화로 자리잡게 되자 2005년에는 이동통신업계 공동 결제 방식으로 주파수 방식의 '모바일 터치' 기술을 사용하기로 합의하였다. 이와 같이 모바일 결제의 편리성과 범용성이 바탕이 되고 3세대 이동통신 휴대폰의 보급으로 모네타와 같은 모바일 서비스는 급속도로 확대되었다. 3G 휴대폰은 이용자의 정보와 전자결제 기능을 포함한 USIM 칩을 내장하고 있기 때문에 다양한 모바일 금융서비스를 이용할 수 있게 된 것이다. 이와 더불어 이동통신망의 속도가 개선되어 무선인터넷 사용 시간과 요금에 대한 부담이 점차 줄어들고 있다.

티머니(T-money) 사용 등으로 모바일 결제 서비스를 더 이상 낯설어하지 않고, 기술적인 환경 또한 편리하게 되자 기프티콘과 같은 서비스 역시 순항의 돛을 달고 항해를 할 수 있는 시기가 된 것이다.

마음을 전하는 방법을 찾아라

모네타의 상상력이 실현되지 않았더라면 기프티콘과 같은 서비스는 쉽게 나오기 힘들었을 것이다. 그러나 분명 모바일의 시대가 도래할 것이란 사실은 변함이 없었다. 그렇기 때문에 SK텔레콤은 모바일의 생활화가 이루어질 때를 대비하여 경쟁 업체보다 앞서 서비스를 시행한다면 충분히 성공할 수 있다는 가능성을 포기하지 않았다.

기프티콘은 연인끼리, 동료끼리, 가족끼리 마음을 전하는 새로운 방법으로 환영받고 있다. 21세기의 모바일 시대에 걸맞은 서비스로서 사람들끼리 선물을 주고받는다는 본질적인 문화에 새로운 기술이 결합한 것이다. 그러나 기술적인 진보와 혁신적인 아이디어라는 이유 하나만으로 시장에 밀어붙였다가 실패를 하는 경우가 종종 있다. 이는 고객에 대한 통찰력을 중요하게 생각하지 않고 그저 개발자만의 관점으로 제품이나 서비스를 만들었기 때문이다.

최근 디지털 트렌드의 선두 주자인 애플은 아이맥, 아이팟, 아이폰의 연이은 히트로 혁신적이고 독특한 이미지로 전 세계의 주목을 받으며 하나의 문화 아이콘으로 자리잡았다. 그러나 애플의 혁신적인 신제품들이 늘 성공한 것은 아니었다. 지금 우리가 사용하는 PDA의 원조 격이라 할 수 있는 '애플 뉴튼 메시지패드(Apple Newton MessagePad)'는 1992년에 출시되었다. 터치스크린과 유사한 방식으로 뉴튼 인텔리전스 OS에서 작동되는 메시지패드라는 프로그램을 통해 펜으로 모든 기능을 제어할 수 있는 획기적인 제품이었다. 그러나 이 제품은 일부 매니아층은 만들 수 있었으나 만

Apple Newton MessagePad 2000

화 영화에서 조롱을 받을 정도로 실패하고 말았다.

뉴튼은 사양과 기능이 화려했으나 지나치게 비싼 바람에 매니아라고 하더라도 쉽게 구매할 엄두를 내지 못했다. 게다가 당시의 정보처리장치나 저장, 배터리 등 기술력의 한계로 비싼 가격에 비해 성능에 대한 만족은 그다지 높지 않았다. 또한 휴대용치곤 너무 크고 무거웠으며, 펜으로 입력할 때 오류가 자주 일어나 고객의 불만이 연일 쏟아져 나오기 시작하였다. 한마디로 뉴튼은 파격적인 미래형 제품이었으나 너무 앞서나가고 이상적이었기 때문에 실패하고 말았다. 이 밖에도 MP3 플레이어 기능을 탑재했던 모토로라의 휴대폰 'ROKR', TV용 엔터테인먼트 멀티플레이어인 피핀(Pippin), 웹 애플리케이션인 사이버도그(Cyberdog) 등도 너무 시대를 앞서는 바람에 실패한 비운의 주인공들이다.

비록 애플의 야심 찬 시도가 실패로 끝났지만 분명 미래를 위한 값진 투자였음은 분명했다. 아이팟이나 아이폰과 같은 혁신적인 제품을 내놓을 수 있는 역량을 갖추게 한 소중한 경험이었기 때문이다. 그리고 아이팟이나 아이폰은 아이러니하게도 뉴튼 메시지 패드처럼 혁신적인 기술력이 아니라 모바일과 감성, 디자인 등을 중요시하는 고객들의 정서를 바탕으로 나왔다. 즉 기술력의 우월성을 자랑하는 것이 아니라 고객들이 받아들일 수 있는 '반 발짝' 앞선 제품, 그리고 고객이 받아들일 수 있는 적절한 시기에 이 제품을 내놓았기 때문에 성공을 거둔 것이다.

Marketing Clue

시장 타이밍에 주목하라

많은 기업들이 신제품을 출시할 때 콘셉트에서부터 시장 출시까지의 기간, 즉 '시장출시기간(Time-to-market)'을 최대한 줄이려고 한다. 그렇게 기간을 단축하여 신제품을 내놓았는데 고객이 거들떠보지도 않는다면 얼마나 허탈할까. 이렇듯 기업 내부의 혁신적인 프로세스와 효율성으로 제품 출시기간을 단축한다 하더라도 고객이 받아들이지 않으면 그 노력은 무의미해진다. 하이테크 컨설팅 회사인 맥케나 그룹의 회장인 레지스 맥케나(Regis McKenna)는 《하버드 비즈니스 리뷰》에 발표한 〈실시간마케팅(Real-Time Marketing)〉이란 글을 통해 '시장수용기간(Time-to-acceptance)'을 강조했다. 즉 제품이 시장에 나오는 기간보다 시장에서 고객들이 제품을 받아들이는 기간에 주목하라는 것이다.

기업에서 아무리 혁신적인 제품을 만들었다고 하더라도 진정 그것이 고객에게 혁신적인 가치를 준다고 그 어느 누구도 장담할 수 없다. 그렇기 때문에 몇몇 제품들이 실패를 맛보더라도 좌절이 아니라 경험의 자양분으로 삼아 시대감각과 고객의 욕구에 맞는 제품을 내놓으려는 시도를 끊임없이 해야 한다. 결국 고객통찰력이 고객의 입장에서 고객의 잠재욕구를 파악하는 것이라면 고객이 수용할 수 있는 수준에서 발휘되어야 한다.

닌텐도가 게임 업계의 왕좌에서 소니와 마이크로소프트의 협공으로 위기를 겪었을 때였다. 플레이스테이션과 엑스박스(Xbox)는 화려한 그래픽과 하드웨어로 게임 기기의 새로운 패러다임을 열었다. 닌텐도 역시 이에 대응하기 위하여 '기술력'이 뒷받침된 제품을 내놓았지만 결과는 썩 좋지 않았다. 이때 CEO가 교체되면서 들고 나온 것이 바로 닌텐도DS와 닌텐도위였다. 이 두 제품의 기술력은 새로운 것이 없었다. 터치스크린이나 무선 센서를 활용한 동작 인식 등은 다른 기기에서 이미 활용되고 있었던 것이다. 닌텐도가 주목한 것은 고객의 욕구였고 타이밍이었다. 플레이스테이션과 엑스박스가 갈수록 고 사양, 게임매니아의 요구에 부합하고 있을 때 닌텐도는 게임을 하지 않는 다수의 사람들을 본 것이다.

닌텐도는 게임의 부정적인 의미보다 학습 기능, 운동 기능을 접목시키고, 이미 앞에서 말했던 것처럼 무엇보다 온 가족이 함께 즐길 수 있는 게임을 만들어서 고객의 마음을 사로잡는데 성공했다. 닌텐도의 게임은 화려한 그래픽이나 복잡한 프로그램을 추구한 것이 아니었다. 많은 사람들이 복잡한 게임에 질려 외면하려 드는 그 순간에 닌텐도DS와 닌텐도위가 등장한 것이었다. 즉 그들은 시장 출시기간(Time-to-market)에 주목한 것이 아니라 시장 수용기간(Time-to-acceptance)를 잘 포착하여 왕좌의 자리는 물론이고 극심한 불황에서 홀로 승승장구하는 글로벌 기업이 될 수 있었다.

Part 2

고객가치

플러스 알파의 혁신을
추구하라

시장의 룰을 바꿔라

 **Marketing Story**

"어라, 기름이 다 됐네. 어디 보자, 이 근방에 SK주유소가 어디 있나?"
"저기 앞에 △△ 주유소가 있네. 가까운 곳에 가지."
"아니야. 캐쉬백 쌓아야지."

요즘 자가용 운전자들은 웬만한 주유보너스 카드 하나쯤은 들고 다닌다. 그래서 이곳저곳 아무 주유소나 들어가는 것이 아니라 가급적이면 특정 주유소를 하나 정해 놓고 기름을 넣는다. 이런 주유 마일리지 제도는 바로 SK에너지의 '엔크린 보너스 카드'로부터 시작되었다. 그전까지는 기름을 공급하는 정유사와 고객이 직접 연결되는 것이 아니었다. 그저 SK에너지의 유통망인 주유소와 고객 간의 일회성 만남이 전부였다. 당연히 고객들은 SK에너지의 브랜드를 기억하기보다 가깝거나 단지 기름 값이 싼 주유소를 찾을 뿐이었다. 일선의 주유소 역시 고객들을 뜨내기손님으로 여기며 싼 가격만으로 고객을 끌어들일 수 있다고만 생각했다.

마케팅 역시 경쟁자와 치열하게 승부를 벌이는 일종의 게임이라고 할 수 있다. 아무리 독자적으로 고객의 잠재욕구를 파악하여 제품과 서비스를 개발했다고 하더라도 경쟁자를 감안하지 않을 수는 없다. 뛰어난 기술력을 지닌 제품을 가지고 시장에 뛰어들었으나 경쟁 업체가 이미 고객과의 관계에서 강한 유대감을 가지고 있다면 쉽게 시장에 안착할 수가 없는 법이다.

　이처럼 기존 시장의 구도가 나에게 불리하거나 혹은 시장 자체가 혼전의 양상을 띠고 있을 때 어떻게 하면 두각을 나타내고 고객의 선택을 받을 수 있을까? 불리한 상황이라고 넋 놓고 있을 수 없다. 그렇다면 방법은 나에게 불리한 승부의 틀을 깨는 것이다. 승부의 틀을 깬다는 것은 새로운 경쟁규칙을 만든다는 의미이다.

　다윗은 칼과 창의 싸움이 아니라 먼 거리에서 싸울 수 있는 돌팔매로 골리앗을 쓰러뜨릴 수가 있었다. 골리앗이 원하는 싸움 방식으로는 애초부터 승산이 없었지만 싸움의 룰을 바꿨기에 이길 수가 있었다.

　이순신 장군이 12척의 배로 적과 싸워 이긴 것이나 베트남 전쟁에서 월맹군이 미군과의 싸움에서 승리할 수 있었던 것 역시 불리한 상황에서 룰을 바꿨기 때문에 가능하였다.

　시장의 판도를 완전히 바꿔버릴 수 있는 새로운 경쟁규칙을 제시할 수만 있다면 얼마든지 후발 주자, 혹은 규모가 작은 기업이라도 승산은 있다. 반면에 시장에서 우월한 위치에 있는 기업이라면 어떻게든 기존의 경쟁규칙을 굳혀야만 할 것이다. 마치 모순처럼 들리는 '창'과 '방패'의 싸움은 영원히 끝나지 않는 마케팅 경쟁이라 할 수 있다.

승부의 틀을 과감히 깨라

기름값이 고공행진을 하고 있는데 무턱대고 현금을 내고 기름을 넣는 것보다 당연히 'OK캐쉬백' 로고가 찍힌 신용카드로 결제하는 것이 훨씬 낫다. '엔크린 보너스 카드'는 1997년 3월에 SK에너지의 전신인 '유공'에서 시작하였다. 자동차 기름을 넣는데 항공사 마일리지처럼 적립이 가능하다는 이 서비스에 대해 고객들은 대체로 '신선하다'는 반응을 보였다. 그도 그럴 것이 그때

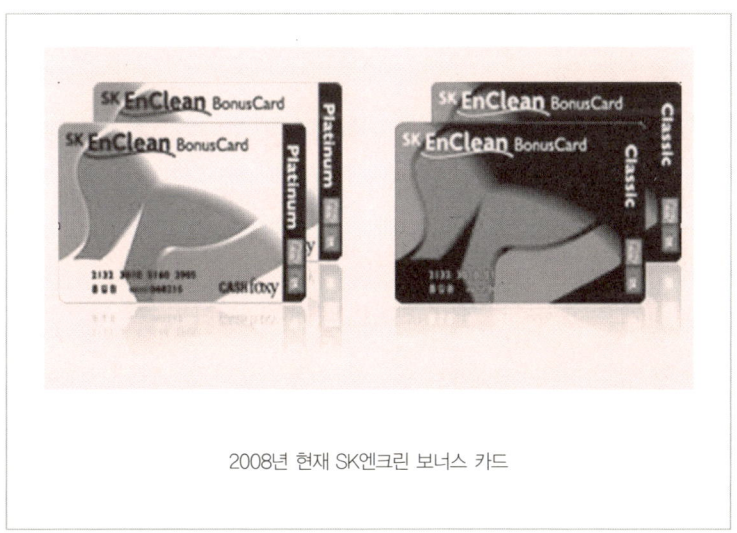

2008년 현재 SK엔크린 보너스 카드

까지 주유를 하면서 받는 혜택이라곤 휴지나 세차할인권이 전부였는데 내가 지불한 돈의 일부를 되돌려 받는다는 아이디어는 기존에 없던 서비스였다. 또한 카드 발급 후 3회 이상 주유를 하면 교통상해보험에 무료 가입을 시켜주는 파격적인 혜택까지 제시하니 자동차를 모는 고객들로서는 매력적인 서비스였음에 틀림없었다.

이 서비스가 출시된 배경은 당시 기름값 자율화로 인한 치열한 경쟁과 고객들의 브랜드에 대한 선호도가 거의 없는 상황에서 경쟁의 새로운 구도가 필요했기 때문이었다. 가격만으로 승부하려니 유사 휘발유가 난무하기 시작했고, 단순히 주유소 차원에서만 사은품을 제공하는 것 역시 고객들에게 별다른 차별화나 만족도를 보여주지 못했다. 이런 식의 상황은 안개만 자욱한 혼전의 양상만 보일 뿐, 미래를 예측하거나 수익성을 높여주기엔 무리가 많았다.

문제는 여기서 끝나지 않았다. 무엇보다 SK에너지와 고객 간에 직접 연결될 수 있는 것이 아무것도 없다 보니 고객들의 주유 스타일에 대해 전혀 알 수 없었다. 따라서 주유소는 기껏 가격 경쟁만으로 고객을 유치하는 것이 최선의 마케팅이었다. 그러나 이런 주유소의 영업 방식은 때마침 예고된 정부의 '가격자율화' 정책 때문에 더욱 치열할 수밖에 없었다. 때문에 날이 갈수록 정유사는 유통망인 주유소에 끌려 다닐 수밖에 없는 상황이 계속되고 있었다.

본격적인 자가용시대가 열리고 있었던 데다가 정유사 간의 경쟁 또한 치열해지는 가운데 SK에너지는 눈을 밖으로 돌렸다. 모름지기 혼전의 한복판에서는 판을 제대로 읽을 수가 없다. 바둑도 직접 두는 것보다 훈수를 둘 때 더 판세가 잘 보인다는 말처럼 때론 거리를 두고 상황을 보는 것이 더 나을 때가 있다. 또한 실력이 뛰어난 고수의 비법을 직접 보고 배울 필요도 있다. 이른바 벤치마킹의 적극적인 시도가 필요한 것이다. SK에너지는 미래가 잘 보이지 않는 상황을 타개하기 위하여 일본의 정유 업계를 방문하여 그들의 고객관리프로그램을 벤치마킹 하였다. 결론은 굳이 가격 때문이 아니라 SK만의 특별한 서비스를 받기 위해 일부러 SK주유소를 찾아오는 단골고객을 확보하는 것이었다.

새로운 미래전략을 구상한 엔크린 보너스 카드 론칭 담당자는 한 번 왔다 가는 손님이 아니라 꾸준히 SK주유소만을 찾아줄 단골 고객을 만들기 위하여 새로운 경쟁규칙을 만들었다. 기존의 '가격 할인' 중심인 고객과의 관계가 아니라 멤버십 카드를 매개로 새로운 고객 관계를 제시하기 위해 룰을 바꿔버린 것이다.

기존과 다른 새로운 룰의 효과는 금방 나타났다. 다른 경쟁 업체들도 앞다퉈 유사 멤버십 프로그램을 만들었고 결국 정유 업체 전체로 확산되기 시작하였다. 이처럼 엔크린 보너스 카드는 한 발짝 더 앞서 OK캐쉬백의 모체가 되어 통합 멤버십 프로그램의 시초가 되었다. 선두 주자가 된 SK에너지의 입장은 이제 새로운 룰을 만들어내어 기존의 시장에 진입하는 것이 아니라 수성(守城)을 해야 하는 상황으로 바뀌었다. 그러나 방어에 급급한 수성이 아니라 공세적인 수성, 시장을 끌어가는 리더의 역할을 계속 수행하였다. 다른 업체들도 가격 중심의 룰에서 멤버십 프로그램으로 바꾸자 이제는 자사에 국한되지 않는 통합 멤버십인 OK캐쉬백으로 계속 룰을 바꾸고 프로그램을 진화시켰다. 이처럼 마켓 리더는 타사들을 선도할 수 있는 룰을 한순간도 늦추지 않고 만들어가야 한다.

불리한 판일수록 룰을 바꿔라

1970년대 미국, 인도 출신의 한 사업가는 이전까지 농구라곤 제대로 해본 적이 없었다. 그런데 미국으로 건너온 후 우연히 자신의 딸이 소속된 학교 농구팀의 코치를 맡게 되었다. 코치 경험은커녕 제대로 된 농구 경험조차 없었던 이 사업가는 얼떨결에 맡은 코치직에 난감할 따름이었다. 게다가 자신이 맡은 팀은 약체로 분류되어 있었다. 그러나 전국대회에 출전해야 하는 마당에 무작정 아이들을 시합으로 내몰 수는 없었다. 그가 할 수 있는 일이라곤 고작 농구 시합을 관찰하는 것밖에 없었다. 그런데 경기를 들여다보니 선수들이 골을 넣자마자 우르르 자신들의 코트로 몰려가서 수비를 하는 것이었다. 모든 팀의 선수들이 골을 넣고 자기 코트로 돌아가는 단순한 패턴은 신장이 좋거나 기술이 우수한 팀이 승리할 가능성을 더욱 높여주고 있었다. 이는 약체인 자신의 농구팀이 이 패턴을 따라 할 경우에는 승리의 가능성은 낮아진다는 말과 다름없었다. 코치는 생각을 다르게 하기로 했다. 즉 승리를 위해 신체조건이 좋은 선수를 영입하거나 기술 보완을 하는 것이 아니라 새로운 시합 패턴을 만들기로 결심했다.

그는 약체 팀이 승리할 수 있는 방법으로 상대방이 전혀 예측하지 못한, 또 경험하지 못한 수비 방식을 선보였다. 바로 압박 수비를 펼친 것이다. 공격에 성공한 후에 자기 코트로 돌아오는 것이 아니라 곧바로 상대방의 코트에서부터 수비를 시도하였다. 이런 낯선 패턴에 상대방은 부담을 느끼며 실수를 연발하게 되었고, 그의 팀은 나름대로 성과를 거둘 수 있었다고 한다.

이처럼 불리한 판에서 이길 수 있는 가장 효과적인 방법은 게임의 룰을 바꾸는 것이다. 그런데 스포츠 경기와 달리 마케팅은 새로운 룰을 만들 때 반드시 고려해야 하는 것이 있다. 바로 고객들의 니즈, 즉 잠재욕구를 정확히 아는 것이다. 사우스웨스트 항공사가 대형 항공사들 틈에서 살아남고, 성공을 거둘 수 있었던 것은 여행객들의 니즈를 철저히 분석한 덕분이었다. 대도시 지방공항 직항 노선, 선착순 좌석제, 티켓자판기 발권, 15분 이내 탑승 완료 등으로 가격의 절감을 꾀하였고 더블 마일리지와 펀(fun) 경영 같은 서비스 등으로 고객들에게 높은 만족감을 제공하였다.

"담배를 피우실 분은 밖으로 나가 날개 위에서 마음껏 피우세요"라는 안내 방송에 웃지 않을 사람이 얼마나 있을까? 모든 항공사가 친절과 미소로 고객을 응대한다지만 사우스웨스트처럼 유쾌하며 친근함을 주는 항공사는 찾기가 어렵다. 기존의 대형 항공사나 국영 항공사가 고급, 고가, 권위 등의 이미지를 부각하며 '믿음'과 '신뢰'라는 규칙으로 대도시 위주의 항공 사업을 했다면, 사우스웨스트는 철저히 그 반대의 입장에서 비즈니스와 마케팅을 하였다. 그 결과는 2008년 기준, '69분기 연속 흑자'로 나타났다. 사우스웨스트 CEO인 허브 캘러허는 "우리의 경쟁자는 다른 항공사가 아니다. 바로 지상의 승용차가 우리의 경쟁자이다"라고 한 것 자체가 기존과 전혀 다른 관점과 새로운 경쟁규칙을 의미한다.

새로운 룰은 고객으로부터 나온다

고객이 뭘 원하는지 알고자 할 때 흔히 사용하는 방법이 바로 설문조사이다. 그러나 몇몇 질문으로 제한된 시간 안에 나온 응답만으로 잠재된 고객의 욕구를 파악하기란 힘들 수밖에 없다. 더군다나 하이테크 제품이라면 고객들이 아직 제대로 알고 있지 못해서 더 난감할 따름이다.

SK텔레콤 역시 서비스의 특성을 보면 직접 사용해보지 않고서는 새롭게 제공되는 기술에 대해 이해하기가 쉽지 않았다. 그렇다고 '신기술'을 앞세우며 무조건 좋다는 식의 마케팅이 먹혀들기란 만무했다. 결국 실제 서비스를 사용할 고객들이 어떤 이용을 하는지, 또 이동통신 서비스에 바라는 바가 무엇인지를 알기 위해서 직접 다양한 고객들을 체험단과 평가단으로 모집하여 운영하기로 했다.

디지털 환경에서는 아무래도 얼리어댑터(early adaptor)와 같은 새로운 제품이나 서비스에 관심이 많은 사람들이 서비스 이용에 많은 영향을 끼치게 된다. 즉, '시장 트렌드를 앞서가며, 평균적인 소비자들보다 훨씬 높은 요구 수준을 가진 소비자들'인 선도 사용자(Leading User)들이야말로 서비스의 초기 확산에 많은 영향을 준다는 것이다. SK텔레콤은 선도 사용자들을 모집하여 직접 체험을 해보게 하고 혁신 제품에 대한 장단점과 아이디어를 수렴, 반영하기로 했다. 개발자의 입장이 아니라 사용자의 입장에서 바라본 의견들을 서비스 개발과 출시에 적극 반영한 것이다.

SK텔레콤의 게임 사업팀은 2002년 이후 게임 전문가 15명, 일반 고객 중 모바일 게임 매니아 15명으로 구성한 평가단을 기수별로 운영하였다. 신규 게임의 수준과 흥미, 시장성 여부 등을 체크리스트로 작성하여 평점을 매기게 하고 서비스 여부를 결정하는데 중요한 참고자료로 반영하였다. 평소 게임을 좋아하는 매니아까지 포함된 평가단의 참신한 아이디어와 제안은 일반 이용자들에게도 많은 재미와 질 좋은 서비스를 제공할 수 있었던 중요한 단초로 작용하였다.

이처럼 최종 사용자들이 직접 참여하여 제품과 서비스를 개발하는 과정은 여러 기업에서도 많이 활용하고 있다. 프로듀서(Produder) 혹은 전문가(Professional)와 컨슈머(Consumer)의 합성어인 '프로슈머(Prosumer)', 즉 생산적 소비자 또는 참여적 소비자가 주목 받는 것도 같은 맥락이다. 과거 대량생산, 대량소비의 시대에서는 소비자가 일방적으로 판매의 대상으로만 여겨졌으나 이제는 생산 활동의 일부에 직접 참여하는 것으로 기업과 소비자를 이어주는 가교 역할을 한다. 이는 제품이나 서비스의 개발 과정에서 사용자의 입장으로 장단점을 분석하는 것으로 끝나지 않는다. 제품과 서비스가 시장에 나오기 전에 이미 상품 홍보에도 효과적이란 부수적인 기대도 할 수 있다. 이런 효과는 "사람들이 제품을 구매할 때 선도 사용자들의 구전 효과는 일상적인 광고보다 약 1.5배 정도 높은 것으로 나타난다"는 P&G의 보고서를 보면 알 수 있다.

고객들이 스스로 원하는 욕구나 가치를 스스럼없이 제시하는 프로슈머는 마케팅의 필수 항목으로 자리 잡고 있다. 패션 기업인 '아르마니'가 명품 브랜드라는 아이덴티티를 유지할 수 있었던 것도 적극적인 고객들의 참여를 받아들였기 때문이라고 할 수 있다. 1980년대 중반부터 매출이 급감한 아르마니는 회사 내부의 역량보다 고객들에게 시선을 돌렸다. 그때부터 매년 전 세계 1만 여 명의 소비자 인터뷰를 실시하면서 패션의 트렌드와 아르마니의 정체성을 찾았던 것이다. 이런 소비자와의 적극적인 의사소통으로 소비자들이 아르마니를 '여성스러운 실루엣의 남성 의류'라는 인식을 가지고 있음을 알 수 있었다. 당연히 이런 의견은 디자인과 제품 개발에 반영되었고, 소비자들은 자신들이 원하는 제품이 나오자 주저 없이 구매를 했던 것이다.

스페인의 의류 업체인 '자라' 역시 전 세계에 1,000여 명이 참여한 프로슈머로부터 패션뿐만 아니라 IT, 트렌드, 문화 등의 다양한 정보를 실시간으로 교류하고 있다. 그리고 '패스트(fast) 패션'이란 자신들의 브랜드 정체성에 맞게 일주일 단위로 전 세계의 매장에 신제품으로 반영하여 출시하고 있다. 하루가 다르게 변화하는 고객들과의 발 빠른 커뮤니케이션으로 제품의 장점을 살리면서 단점을 보완하는 것은 이제 선택 사항이 아니라 필수적인 과정이 되었다.

"한국 IT 산업의 경쟁력 배경은 변덕이 심하고 따지기 좋아하는 소비자에게서 나온다"며 한국의 휴대폰 경쟁력을 선도 이용자들의 파워에서 찾은 일본 NHK의 보도 역시 같은 맥락이다. 삼성전자의 애니콜이나 LG전자의 싸이언은 주기적으로 프로슈머 집단을 운영하고 있으며, 실제 제품 개발에서 그들의 의견을 반영하고 있다. 이처럼 과거의 일방적인 공급자와 수요자의 관계가 아닌 쌍방향의 환경에서 고객들의 참여는 갈수록 확대되고 있다.

심지어 아파트를 만들 때도 프로슈머의 위력은 여지없이 발휘

된다. 건설회사가 아파트를 짓고 분양해서 입주한 후에야 내부 공사나 인테리어를 하던 것과 달리 설계 과정에서부터 주부들의 아이디어가 반짝거린다. 어떤 아파트는 모델하우스에서 아파트 거실에 고가의 대리석을 깔아놓은 것으로 고품격을 강조했다. 그러자 주부들은 대리석을 걷어내고 그 돈으로 차라리 아이들의 방에 붙박이장을 설치해달라고 요구하였다. 이런 실용적인 아이디어는 실제 설계와 건축에서 그대로 반영되었다.

이제 고객들은 자신들이 원하는 가치를 요구하는 것에 아무런 망설임이 없다. 예전에는 제품에 불만이 있더라도 문제 제기조차 제대로 하지 못했지만 이제는 사정이 다르다. 쌍방향 커뮤니케이션이 가능하고 언제든지 자신의 의견을 표현할 수 있는 다채널의 시대에서 고객들은 스스로 가치를 창조하려고 노력한다.

'생산적 소비자'를 뜻하는 프로슈머(Prosumer)가 '창조적 소비자'를 말하는 창조(creative)와 컨슈머(Consumer)의 합성어인 '크리슈머(Cresumer)'로 진화하고 있는 시점에서, 새로운 룰을 고객으로부터 찾으려는 기업의 노력은 너무나 당연한 것으로 여겨지고 있다.

Marketing Clue

가치혁신을 위해 ERRC를 적용하라

새로운 왕조를 세울 때 가장 많이 내세우는 것은 기존의 질서를 부정하는 것이다. 그리고 새로운 기준과 가치를 제시하며 민심을 얻고자 한다. 이것이 성공할 때 비로소 그들만의 왕국이 아니라 온 백성이 받아들일 수 있는 새 왕조가 탄생하게 된다. 고려와 조선이 그러했고, 수시로 바뀌었던 중국의 역사가 이러한 사실을 보여준다.

시장에서 기업이 블루오션을 찾는 것도 마찬가지이다. 블루오션은 가치혁신이 전제가 되어야 한다. 획기적인 기술력으로 만든 혁신 제품이라고 할지언정 고객이 어떤 가치를 느끼지 못한다면 자기만족에 불과하다. 바꾸어 말해 고객이 새로운 가치에 만족한다면 기존 경쟁의 판을 뒤엎을 수 있다는 것이다.

전통적으로 자신의 기업이 속해 있는 산업의 구조에 의해 성공과 실패가 좌우될 수 있다고 생각하는 산업구조론자들의 견해는 구질서와 기득권에 연연하는 꼴밖에 되지 않는다. 고려나 조선이 영원불멸의 왕조로 남지 못하고 무너진 것도 외세나 역성혁명의 결과로만 설명되지 않는다. 그들의 지배 질서는 시대에 뒤떨어졌고 급변하는 정세에 대처할 수가 없었던 것이다.

《블루오션전략》의 저자인 김위찬 교수는 가치혁신을 통한 차별화를 하기 위해 사용하는 방법으로 ERRC를 강조한다. 지금까지는 당연하게 받아들였으나 앞으로는 없애야 할 요소(Eliminate), 산업 표준 이하로 축소해야 할 요소(Reduce), 아직까지 한 번도 제공되지 않은 새로운 가치 창출 요소(Create), 산업표준 이상으로 제고되어야 할 요소(Raise)가 한데 어우러져야 가치혁신을 이룰 수 있다는 주장이다.

코닥을 한번 보자. 필름과 카메라 시장의 독점적인 위치에 있었다가 한 순간에 변방으로 밀려난 그들은 기존의 게임 룰에 안주했었다. 디지털카메라의 원천 기술을 가지고 있었음에도 불구하고 고객에게 새로운 가치를 보여주지 못하고 자신들의 성공신화에 갇혀 있었기 때문에 몰락의 길을 걸었던 것이다. 게다가 아이러니하게도 코닥의 재기는 고객에게 새로운 가치를 제공한다는 원칙에 충실했기 때문에 가능했다. 디지털카메라의 등장으로 모든 업체들이 높은 화소와 컴팩트 기종으로 경쟁하고 있을 때, '사진은 추억이다'는 고객들의 기본적인 욕구를 충족시켜 주었다. 고객들은 높은 화소의 카메라도 좋지만 그보다 중요하게 생각한 것은 출력하여 보관할 사진의 품질이었다. 그래서 카메라에 경쟁이 치열하는 동안 프린팅 기술에 집중하여 고객들이 원하는 색감의 사진인화가 가능한 프린터를 개발하였다. 이를 위해 코닥은 과감한 사업구조의 개편과 구조조정, 그리고 역량의 선택과 집중을 시도하였다. 이로써 코닥의 재건은 시작되었다. 이처럼 가치혁신은 지금까지 불필요했던 비용 요소를 과감히 줄이는 효과와 고객들에게 미처 발견하지 못했던 가치를 찾아내 제공하여 차별화를 꾀할 수 있다.

남의 둥지에 알을 낳아라

 Marketing Story

김 대리는 신제품 마케팅 보고 회의 준비에 여념이 없다. 관련 자료를 참석자들에게 보내고 일정확인을 한다. 참석자가 열 명이 넘는 탓에 전화 통화 대신 문자로 공지를 한다. 미팅 시간이 되자 함께 자료를 보며 의견을 나누었다. 중요한 의견은 바로 회의 자료를 수정하며 반영하였다. 그리고 회의가 끝나자 최종 수정한 자료를 참석자들에게 보냈다.

"휴, 별 일 없이 잘 끝나서 다행이네." 중요한 회의를 무사히 마친 김 대리는 회의 보충자료를 부탁하는 참석자에게 따로 파일을 보내주고 자리에서 일어났다. 회의 도중 날아온 쪽지 때문에 여자친구에게 전화를 걸기 위해서다.

"회의 잘 끝났어? 나도 이따가 열릴 회의 준비해야 하는데 바빠 죽겠어. 탁자 정리하고, 자료 프린터 하고, 또 일정 확인도 해야 하니 몸이 열 개라도 모자란다니깐."

"그럼 나처럼 메신저로 회의를 해봐. 너희 회사는 '네이트온' 안 쓰냐?"

김 대리는 회의 관련 준비에서 미팅까지 모두 자신의 자리에서 처리했다. 회의 참석자들이 네이트온으로 파일 전송과 문자 발송, 그리고 자료 공유 화면을 띄워놓고 함께 수정을 하며 회의를 했던 것이다.

세상 어느 기업도 2인자, 후발 주자의 꼬리표를 달고 싶어 하지 않는다. 그래서 끊임없이 새로운 룰을 만들어 자신에게 유리한 판으로 만들어 정상의 지위를 탈환하고자 한다. 한니발이 로마 본토를 공격해 패닉 상태에 빠졌을 때 로마의 스키피오 장군이 역으로 카르타고를 침공하여 자신에게 유리한 전세를 만든 것을 보더라도 잘 알 수 있다.

스키피오의 이런 역발상은 오랫동안 지중해 패권 다툼에서 로마가 확실히 주도권을 장악하게 되는 계기가 되었다. 전쟁은 한니발의 깜짝 놀란 선제공격으로 불리하게 시작되었지만 주도권의 장악은 로마가 성공한 것이다.

기업도 별로 다를 게 없다. 앞에서 살펴본 것처럼 경쟁자와 차별되는 새로운 게임의 규칙을 찾아내 성공하였다 하더라도 수성(守城)을 하지 못하면 헛일이다. 달콤한 성공의 열매를 계속 맛보려면 내가 내세운 새로운 게임의 규칙을 업계 표준으로 만들어야 한다. 시장에서 확고한 위치를 확보하고 고객을 꾸준히 만족시키려면 말이다.

한니발처럼 선제공격을 해서 우위를 점하는 것도 중요하다. 그러나 단순히 '시장선점기업'만을 목표로 해서는 안 된다. 무엇보다 '시장선도기업'이 되어야 한다. 소위 시장 선점 이점(First-mover advantage)도 있지만 그것은 언제든지 후발주자에 의해 추월당할 수 있기 때문이다.

강자의 약한 고리를 찾아라

이제는 회사원이나 어린 학생이나 인스턴트 메신저를 사용하는 것이 전혀 낯설지 않은 풍경이 되었다. 업무를 위해 파일을 주고받으며 일 처리 능률을 높이고 때론 비밀스러운 이야기를 메신저로 주고받는다. 학생들 사이에도 수다를 떨거나 파일을 공유하는 수단으로 메신저는 각광을 받고 있다.

인스턴트 메신저 시장은 초기만 하더라도 마이크로소프트의 MSN 메신저가 대세였다. 무료 이메일인 핫메일(Hot mail) 계정만 등록하면 전 세계 누구와도 대화를 나눌 수 있어 우리나라 사람들도 많은 이용을 하였다. 전화나 이메일과는 또 다른 차원의 통신 수단의 등장이었다.

그런데 핫메일이 계정 용량을 미국인들에게는 넉넉히 제공하는데 반해 우리나라 사람들에게는 그다지 늘려주지 않았다. 이메일과 인터넷 문화가 빠르게 확산되던 차에 이런 차별은 핫메일에 반감을 가지기에 충분했다. 그렇지만 아직까지 국내 이메일 계정을 제공하는 웹 사이트에서 메신저 서비스를 충분히 제공하지 않

MSN의 약한 고리를 찾아내 성공한 네이트온

았기 때문에 별 수 없이 MSN 메신저를 계속 사용할 수밖에 없었다. 만족도가 높아서라기보다 그야말로 별다른 대안이 없어서 쓰는 셈이었다.

그러던 와중, 2001년에 SK커뮤니케이션즈에서 인스턴트 메신저 네이트온을 내놓게 된다. 서비스 초기만 하더라도 시장의 선점과 독점적인 지배를 하고 있던 MSN의 철옹성을 보면 그다지 성공 확률이 높아 보이지는 않았다. 그러나 네이트온 서비스는 계란으로 무모하게 바위를 치는 것이 아니라 이미 균열이 난 틈을 공략했다. 그 틈이야말로 국내의 이동통신 서비스 가입자들이 기존에 충족되지 못한 요구와 일치했다. MSN은 외국 사용자들만 휴대폰으로 문자메시지를 보낼 수 있었으나 한국은 불가능했다. 바로 이 문제를 해결한 것이 초반부터 MSN을 맹렬히 추격할 수 있는 발판이 되었다. 시장의 절대 강자로 보였던 MSN의 약한 고리를 찾아냈고 이를 네이트온의 장점으로 탈바꿈시킨 것이다. 그것이 바로 '무료 문자 100건 서비스'의 제공이다. 이 서비스를 제공하자 국내의 많은 메신저 이용자들이 MSN을 사용하면서 동시에 네이트온도 접속하는 상황이 벌어졌다.

점차 '이중 메신저 사용'이 늘어나면서 사용자들은 불편함을 느끼게 되었다. 해외에 아는 사람들이 많다면야 모르겠지만 국내의 주변 사람들과 네트워크를 형성하는데 굳이 MSN을 고집할 이유는 없었다. 그러다 보니 국내 사용자들의 이용 패턴에 최대한 접목한 네이트온의 단독 사용이 늘기 시작했다. 그 결과, 2005년에는 드디어 네이트온이 MSN 메신저를 누르고 국내 인스턴트 메신저 시장 1위를 차지하게 된다. 이때 사용자가 1,000만 명 정도였는데, 매년 회원이 증가하더니 2008년 6월 기준으로 2,500만 명에 육박하였다.

네이트온 이용자 증가 추이

 이제 네이트온은 기존의 경쟁규칙에서 약한 고리를 찾아내 끊어버리는 것이 아니라 메인 규칙으로 시장을 계속 지켜나가야 했다. 그래서 스스로 진화의 길을 모색했다. 시장 1위를 탈환한 네이트온은 탄력을 받아 당시 국내 인터넷 커뮤니티로 큰 인기를 모으던 싸이월드를 연계시켰다. 별도로 로그인을 하지 않고 네이트온만 접속하고 있다면 수시로 싸이월드에 들어갈 수가 있었다. 또한 메신저의 실시간 기능을 활용하여 누군가 방문하여 글을 남기면 바로 메신저에서 메시지가 뜨기 때문에 빨리 확인할 수 있다는 장점도 있었다. 이러한 네이트온의 진화는 당연히 싸이월드 이용자들의 환영을 받았고, 그 결과 사용자 수가 점점 증가하는 성과를 거두어 냈다.

싸이월드와의 연동으로 네이트온은 국내 인스턴트 메신저 시장 1위를 더욱 굳힐 수 있게 되었고, 2008년 6월에는 드디어 사용자가 2,500만 명이 되었다. 시장에 제일 먼저 진입한 것은 아니지만, 인스턴트 메신저 사용자들이 원하는 욕구를 적절히 읽어내어 이를 충족시켜 줌으로써 시장 1위 자리를 굳힌 것이다. 비록 네이트온이 국내용이라는 한계를 지적 받기는 하지만 해외 친구들과의 교류가 활발한 사람들을 제외하고는 불편을 느끼는 사람들은 거의 찾아보기 힘들다.

결국 네이트온처럼 후발주자가 선점 기업이 차지하고 있는 고지를 장악하려면 고객이 그동안 가지고 있었던 불만이나, 뭔가 새롭게 추구하는 가치, 욕구를 발굴할 줄 알아야 한다. 이것들은 기존의 경쟁자에게는 약한 고리로 작용하지만 나에게는 가장 효과적인 공략 무기가 되어주기 때문이다.

고객과 진실한 동맹을 맺어라

경쟁업체가 매머드급이라면 후발 주자들은 일종의 연합을 시도한다. 일단 가장 큰 적을 쓰러뜨리는 것이 최우선 목표가 되기 때문이다. 물론 생각처럼 쉽지만은 않다. 시장을 먼저 차지한 선점 기업은 대체로 사람들에게도 가장 많이 알려져 있다. 소소한 후발 주자들이 손을 잡고 공격한다 해서 쉽게 흔들리지도 않는다. 그런데 손잡을 대상이 동종 업계의 기업이 아니라 고객이라면?

페이스북 메인 화면

어차피 제품과 서비스의 최종 종착지는 고객이다. 기업 간의 전략적 제휴와 교류를 통해 공격적인 마케팅을 하는 것도 효과를 기대할 수 있겠지만 중요한 것은 그런 마케팅을 받아들일 고객의 선택이다.

우리나라에서는 젊은 사람들 위주로 블로그나 미니홈피를 통해 사람들과 '관계' 즉 디지털 네트워크를 많이 구축한다. 미국 역시 소셜 네트워킹 서비스(SNS, Social Network Service)라 해서 인맥구축 서비스를 웹사이트를 통해 활발하게 이용하고 있다. '마이스페이스(www.myspace.com)'는 가장 먼저 SNS를 시작한 선점 기업이었다. 2003년에 인디뮤지션들의 음악을 홍보하기 위하여 만들어진 마이스페이스는 관계 맺기의 특성을 잘 살린 덕분에 점차 이용자 수가 늘어났다. 그러다 2005년에 미디어 재벌인 루퍼크 머독의 '뉴스코프'에 인수되면서 급격히 세가 확장되기 시작하여 세계 최대의 SNS로 자리 잡았다.

그러나 2008년이 되자 골리앗은 무너지기 시작했다. 후발 주자인 '페이스북(www.facebook.com)이 1위 자리를 차지한 것이다. 페이스북의 출발은 마이스페이스만큼이나 소박하였다. 2002년에 하버드대학의 마크 주커버그가 취미 삼아 소소한 돈벌이도 할 요량으로 하버드대학생들의 친목 사이트를 만들었다. 그런데 이 사이트가 예상 외로 인기를 끌기 시작했다. 간단한 친목 교류에서 인맥관리의 도구로까지 그 활용도가 확장되자 예일대학이나 스탠포드대학과 같은 유수의 명문 대학생들이 이용하기 시작했다. 그렇게 시작한 페이스북은 공식 서비스를 시작한 지 불과 2년 만에 마이스페이스를 추월해버렸다.

메신저나 SNS 시장은 많은 사람들이 이용해야만 그 가치가 높아지는 법이다. 그래서 기존 고객들을 확보하고 있는 선발 주자를 후발 주자가 쉽게 따라잡을 수가 없다. 게다가 서비스의 특성상 이미 구축된 관계들을 옮기거나 새로운 인맥관리를 한다는 것이 쉽지 않은 일이기 때문에 더더욱 후발 주자의 추격은 어려워진다. 그런데도 불구하고 페이스북이 마이스페이스를 따돌릴 수 있었던 것은 네이트온 사례처럼 경쟁자의 약한 고리를 찾아낸 것뿐만 아니라 그들의 동맹군으로 고객을 설정했기 때문이다. 고객이 직접 서비스 과정에 참여하고 기존의 마이스페이스 이용에서 불만을 느꼈던 약한 고리를 과감히 잘라내어 페이스북의 장점으로 바꿔버렸기 때문에 성공할 수가 있었다.

갈수록 화려한 그래픽과 현란함을 강조하는 웹디자인의 추세에서 페이스북은 간결하고 이용하기에 편리한 구조와 디자인을 추구하였다. 또한 플랫폼을 개방해 서비스 제공자뿐만 아니라 이용자 모두 페이스북의 플랫폼을 만질 수가 있었다. 생각해보라. 남이 지은 집에 들어가 조심스럽게 생활하는 것이 아니라 내가 직접 꾸미고 만질 수 있다면 그 애착은 더 클 수밖에 없다. 또한 공급자와 수요자가 아니라 고객 스스로가 '내가 페이스북의 주인'이라는 생각을 가지게 된다.

페이스북은 시간이 지나도 고객에 대한 시선을 거두어들이지 않고 아예 동화되어 서비스를 시작하였다. 초기 페이스북은 폐쇄적인 관계 설정에 주안점을 두었다. 우리도 블로그나 미니홈피를 사용하면서 소위 악플과 수준 낮은 댓글 공해에 인상을 찌푸리곤 한다. 그러나 페이스북은 초창기부터 대학생 위주의 이용으로 폐쇄적인 관계 맺기를 통해 고급스러운 이미지를 꾸준히 유지할 수가 있었다. 그러다 보니 한번 관계가 맺어지면 쉽게 이탈할 수 없을 정도로 끈끈한 관계 맺기가 가능해졌다. 게다가 사람들의 성향과 배경을 바탕으로 지역이나 분야별로 인맥을 맺는데 어려움이 없었고 사람 찾기까지 쉽다는 장점도 가지고 있었다. 불특정 다수에게 공개하는 마이스페이스가 놓쳤던 인맥 쌓기의 최대 장점을 가지고 있었던 것이다. 이처럼 페이스북은 분명 마이스페이스의 약한 고리를 잘 찾아내어 차별화에 성공했다. 그리고 그 성공은 고객의 시선, 즉 고객통찰력이 뒷받침되었기에 가능한 역전 스토리였다.

Marketing Clue

혁신은 기존 질서의 와해에서 시작된다

혁신이란 단어 자체가 내포한 의미는 바로 기존 질서의 와해이다. 지금까지 해오던 것과 다른 가치를 제공한다는 것은 기존의 질서를 부정하는 것과 똑같은 의미이다. 대체로 선두 기업들은 계속 지배적인 위치를 유지하기 위해 기술력의 향상이나 부가가치의 제공에 몰두하는 경향이 있다. 이런 경향은 고객의 욕구와는 상관없이 기술적인 완성도에 집착하게 된다. 예를 들어 휴대폰의 기능과 기술 경쟁이 이루어지면서 실제 고객들은 잘 사용하지 않는 복합 기능이 계속 추가되었다. 그러나 고객들은 평소에 사용하지 않는 고급 기술이 제공되었다는 이유만으로 천정부지로 치솟는 휴대폰 단말기값에 거부감을 드러냈다. 고급 기능은 필요없으니 그저 통화만 잘 되는 저 사양의 휴대폰을 요구하는 목소리가 나오자 다시 저가 휴대폰 시장이 형성되기 시작했다.

이와 같이 다소 고 사양의 기술이 아니더라도 새로운 시장을 창조할 수 있는 기술, 즉 '와해성 기술(Disruptive Technology)'을 통해 시장지배기업을 위협할 수도 있다. 뿐만 아니라 아예 시장 자체를 뒤흔들어 선두 기업의 자리를 찾는 경우도 있다. 하버드대학의 클레이튼 크리스텐슨 교수는 그의 저서 《성공기업의 딜레마(Innovator's Dilemma)》에서 이와 같이 선두 기업을 추락하게 만든 기술 변화의 복병을 '와해성 혁신(Disruptive Innovation)'이라고 명명하였다.

　기존의 선두 기업들은 그동안 제품 개발과 시장 장악을 위해 쏟아 부은 것을 생각하며 쉽게 현재의 상황을 포기하지 않으려 한다. 그렇기 때문에 늘 이 상태가 유지되기를 바라며 새로운 것보다 현재의 것을 고집하려는 경향이 있다. 또는 현재의 것에서 완벽함을 계속 추구하는 것이다. 그러나 이런 존속적인 기술의 발전은 고객이 미처 이해하지 못하거나 별다른 욕구를 느끼지 못한다면 실패로 끝날 수밖에 없다. 말 그대로 오버하는 셈이다. 이를 '오버슈팅(Overshooting)'이라 하는데, 많은 기업들이 이런 유혹에 빠져든다.

　소니가 자신들의 기술 역량과 선도 기업의 자부심으로 완벽한 품질의 제품에 몰두하면서 게임기에서 고 사양을 추구하는 '오버'를 할 때 닌텐도는 낮은 수준이라 하더라도 고객들의 요구 수준을 정확히 파악한 제품을 내놓았다. 또 소니가 음질의 완벽성을 추구하며 MD를 내놓았을 때도 사람들은 간단하게 파일 변환과 대용량으로 많이 저장할 수 있는 MP3 플레이어로 눈을 돌렸다. 이처럼 시장의 저변으로부터 혁신을 추구하며 고객들의 마음을 사로잡은 것도 와해성 기술에 의한 혁신이라고 할 수 있다.

선점보다 리딩의 가치를 보여라

 Marketing Story

국내 휴대폰 시장이 열린 이후, SK텔레콤은 우수한 통화 품질을 자랑하며 시장의 1위 자리를 차지하고 있었다. 하지만 1위 자리는 경쟁업체의 맹렬한 추격으로 위협을 받기 시작했다. 1997년에 시장점유율이 66.9%였다가 신세기통신과 PCS 3사의 추격을 받으며 40% 초반까지 내려앉은 것이다.

시장의 선점 업체라는 프리미엄은 그다지 오래가지 못했다. 치열한 경쟁은 총만 들지 않았을 뿐이지 전쟁과 다름없었다. 고지를 먼저 올라갔다는 것은 그다지 큰 의미를 주지 않는다. 어떻게 버틸 것인가? SK텔레콤은 선점 업체라는 지위에 안주할 수 없었다.

시장에서의 지배적인 위치를 지키기 위한 첫걸음은 합병이었다. 2000년에 정부로부터 신세기통신과의 합병을 허가받은 후에 시장점유율은 다시 50%를 상회하기 시작하였다. 그러나 힘이 강하면 견제가 몰리는 법. 다시 상승된 시장점유율은 독점으로 규정되어 정부의 규제를 피할 수가 없었다. 하지만 문제는 여기서 끝나지 않았다. 업계 내부의 치열한 경쟁으로 결국 보조금 정책 등의 '제살 깎아 먹기' 식의 지속적인 출혈경쟁을 감수해야만 했다.

이제 선점의 경쟁이 아니라 누가 시장에서 리딩 기업이 될 것인지가 초미의 관심사가 되었다. 이는 기업 간의 순위 경쟁이 아니라 누가 더 고객의 가치를 이해하고 동반자로 남을지를 선택받는 것이었다.

기업이 시장을 진입할 때 '선점'이 유리한가, 아니면 '후발 기업'이 더 나은가에 대한 논쟁은 여전히 계속되고 있다. 선점 기업의 장점은 아무래도 가장 먼저 유리한 포지셔닝을 차지했다는 것과 이에 따라 브랜드가 고객들에게 더 많이 노출된다는 것이다. 그리고 기술이나 비용 등의 진입 장벽을 만들어서 후발 주자의 진입을 방어할 수 있다는 것도 선점 기업으로서 가질 수 있는 장점이다.

이와 반대로 후발 주자라 하더라도 이미 선점한 기업을 관찰하면서 시장 개척이나 학습 비용을 절감할 수 있다. 또한 선점 업체에 의해 이미 검증된 제품 사양 등을 참고로 좀 더 경쟁력 있는 제품을 만들 수도 있다.

결국 선점이라는 것은 시장 진입에 있어 유리한 측면은 있지만 절대적인 조건은 아니라는 말이다. 얼마든지 후발 주자가 치고 올라와 선점 기업을 위협할 수 있다. 선점이나 후발이나 시장에서의 목표는 바로 선도 기업으로서의 포지셔닝을 차지하는 것이다.

고객이 원하는 가치로 시장을 선도한다

SK텔레콤은 초기 선점 업체로서 유리하게 차지하고 있던 시장점유율이 하락하자 합병 등 비즈니스 전략으로 점유율을 유지하였지만 수익 구조의 개선은 여전히 문제로 남아 있었다. 치열한 경쟁으로 말미암아 출혈이 심해지는 악순환이 엿보이기 시작했던 것이다.

이처럼 시장점유율이 높아진다고 해서 수익 구조가 좋아지는 상황이 아니다 보니 시장점유율 유지 수준에 대해 회사 내부에서는 격렬한 논의가 벌어졌다. 시장점유율을 높이기 위해 막대한 지출을 감수하기 보다는 "차라리 시장점유율을 50% 이하로 유지시켜 수익 구조를 개선하자"는 의견이 나왔고, 이 의견은 "지속적인 시장 선도를 위해서는 시장점유율 50%를 마지노선으로 지켜야 한다"는 의견과 대립하게 된다.

SK텔레콤은 지난 1997년의 경험을 떠올리며, 시장점유율 50%를 지켜내지 못한다면 지금껏 쌓아왔던 이동통신시장에서의 선도 기업의 이미지를 잃게 됨은 물론이고, 경쟁사의 전략에 휘둘리게 된다는 것을 다시 한 번 더 상기했다. 그 결과, SK텔레콤의 임원진들은 이동통신시장을 선도해 나가기 위해서 '시장점유율 50% 사수'라는 지침을 결정하게 된다.

선도 기업의 이미지는 고객에게 미치는 긍정적인 힘이 생각보다 크다. 물론 고객은 자신들의 충족되지 않은 욕구를 채워주는

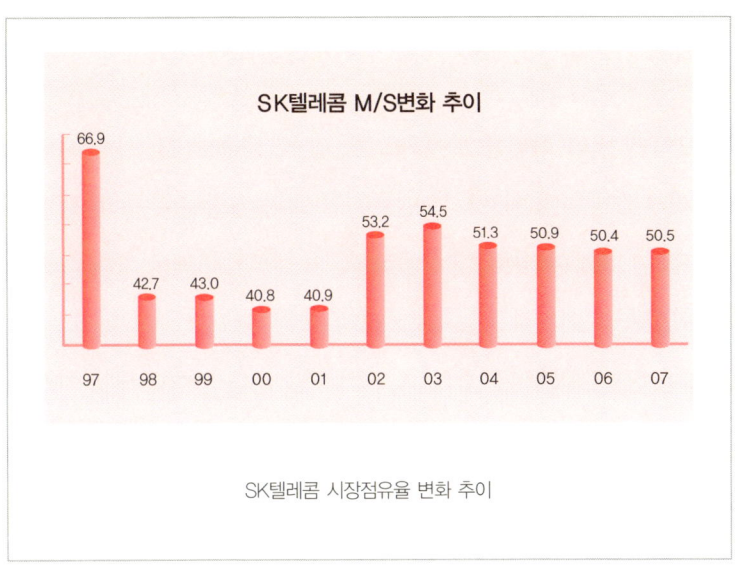

SK텔레콤 시장점유율 변화 추이

것은 물론이고, 더 나아가 자신이 미처 알지 못하는 잠재된 욕구까지 찾아내어 만족시켜 줄 것이라 기대되는 기업의 제품을 선택한다. 하지만 여기에 더 추가되는 것이 이왕이면 내가 사용하는 제품이 해당 시장 선도 기업, 즉 1등 기업의 제품이기를 바란다는 것이다. 선도 기업은 고객에게 우수한 제품과 서비스를 제공한다는 믿음을 줄 뿐만 아니라, 그런 우수한 기업의 제품을 사용하는 자신 역시 높은 수준의 고객이라는 만족감을 갖게 해 주기 때문이다.

편의점 유리창에서, 슈퍼마켓에 진열된 제품들의 포장에서, 혹은 온라인 쇼핑몰 배너에서 지갑 속 신용카드 겉면에 있는 것과 같은 마크를 볼 수 있다. 바로 OK캐쉬백 마크이다.

1999년 OK캐쉬백은 어느 특정 업종에 국한되지 않는 통합 마일리지 프로그램을 국내에 처음으로 소개했다. 그리고 현재 약 3천 2백만 명의 회원을 보유하고 있고, 연간 적립 및 사용 포인트가 각 3천억 원에 이르는 포인트 시스템의 대명사로 통하고 있다. 하지만 OK캐쉬백이 처음 등장하였을 때만 하여도 SK주유소와 SK텔레콤을 제외하고는 OK캐쉬백 포인트를 적립할 수 있는 곳이 그리 많지 않았다. 물론 초기의 가맹점 수가 3,000개에 이르기는 했지만 대부분이 중소업체 위주여서 고객들이 실제로 체감하기에는 턱없이 부족하였다.

　하지만 OK캐쉬백 사업을 추진했던 담당자들은 이것을 실패로 간주하지 않았다. OK캐쉬백 가입 고객의 정보를 바탕으로 추후 데이터베이스마케팅의 기반을 마련할 수 있을 것이란 확신을 가진 것이다. 담당자들은 고객 정보를 면밀히 분석하여 찾은 손님도 또 다시 찾게 하고, 나아가 단골손님으로 만들 수 있는 방법을 연구했다.

　다행히 사업 초기에 최고경영진의 전폭적인 지원과 함께 SK주유소, SK텔레콤과 같은 동일 그룹 내의 기존 고객들을 먼저 확보할 수 있어 많은 도움을 받을 수 있었다. 이런 그룹 차원의 지원을 바탕으로 담당자들은 직접 발로 뛰며 가맹점을 확보하려 노력했다. 그 결과, 사업 론칭 1년 반 만에 이마트와 같은 대형 유통업체를 가맹점에 가입시킬 수 있었다. 그리고 크라운베이커리, 버거

킹, KFC와 같은 외식업체들까지 OK캐쉬백 가맹점으로 확보할 수 있게 되었다. 2001년에는 3만 개의 가맹점을 확보할 수 있게 되어 명실상부한 대한민국 통합 마일리지 프로그램으로 자리를 잡게 된다.

이러한 가맹점 확대는 OK캐쉬백 고객의 확보는 물론이고, 가맹점과의 제휴에 따른 수수료 이익까지 가져왔다. 또한 가맹점은 단골 고객의 정보를 파악하여 고객 개개인에 맞춘 판촉 방법을 마련할 수 있게 되었다. 그 결과, SK, 가맹점, 고객 모두 윈-윈 할 수 있는 제휴 마케팅의 퍼즐이 완성되어 갔다.

"적립도 좋지만 이건 뭐 계산할 때마다 카드를 두 장씩이나 꺼내야 하니, 여간 불편한 게 아니에요." OK캐쉬백 사업부는 단순한 가맹점 확대에 그치지 않고 고객들의 소리에 귀 기울였다. OK캐쉬백 사업부는 아무리 가맹점을 확대하고, 포인트 적립을 내세워도 고객들이 '귀찮아서' OK캐쉬백 카드를 지갑 속에 묵히는 경우가 많다는 것을 알게 되었다. 이에 OK캐쉬백 사업부는 신용카드사와 제휴를 맺는 방법을 추진했고, 마침내 고객은 1장의 카드로 OK캐쉬백 포인트까지 적립할 수 있는 제휴카드를 발급받을 수 있게 되었다. 이것은 결과적으로 고객의 소리에 귀 기울임으로써 OK캐쉬백 사업부뿐만 아니라 제휴사인 신용카드 회사까지도 함께 이득을 본 윈-윈 전략이 되었다.

Leading의 또 다른 고객가치는 혁신이다

OK캐쉬백 카드는 시간이 지나자 가입률이 점점 낮아지는 문제가 생겼다. 그도 그럴 것이 개인이 1장 이상의 OK캐쉬백을 보유하는 것이 별다른 의미가 없었기에 시장 포화기에 접어들면서 OK캐쉬백 가입률이 떨어질 수밖에 없었던 것이다.

결국 OK캐쉬백 사업부는 또 하나의 새로운 아이디어를 내놓게 된다. 'Make customers active'라고 표현할 수 있는 방법인데, 그것은 바로 고객 스스로 OK캐쉬백 포인트를 적립 받을 수 있도록 쿠폰을 모아오게 하는 것이다. OK캐쉬백 사업부는 제조회사와 제휴하여 제품의 겉포장에 'OK캐쉬백 xxx 포인트 적립'이라 쓰인 쿠폰을 발행하기로 했다. 그 대표적인 예로 인스턴트 커피, 녹차 티백, 씨리얼 시장에서 OK캐쉬백 쿠폰을 도입하여 시장을 평정한 동서식품을 들 수 있다.

이것은 할인이나 적립 혜택을 제시한다는 점에서는 슈퍼마켓 매장 제품 진열대 앞에 꽂혀 있는 CMS 쿠폰과 비슷한 의미였지만 마케팅 측면에서는 확실히 차별화된 전략이었다. CMS 쿠폰 같은 경우, 그것을 사용한 고객의 정보를 파악할 수 없어 일회성에 그친다는 치명적인 단점이 있었다. 하지만 OK캐쉬백 쿠폰은 가입자의 정보를 바탕으로 해당 고객의 구매 패턴, 선호하는 제품 등을 쉽게 파악할 수 있게 해주었다. 이 정보를 바탕으로 회사는 해당 고객에게 맞춤화된 판매 정보를 제공함과 동시에 고객이 이탈

OK캐쉬백 쿠폰 사용 상품

하지 않도록 꾸준히 관리해 줄 수 있었다.

　OK캐쉬백의 시작은 단순한 포인트 적립이었지만 그 속에는 고객의 욕구를 헤아린 플러스 알파의 혁신적인 고객 가치가 숨어 있었다. 포인트 수치의 이면에는 각각의 고객 행동과 패턴 등을 분석하여 어떤 잠재적인 욕구가 있는지 파악한 고객관계관리의 시스템이 있었던 것이다. 이를 계기로 경쟁사들은 단일 마일리지 프로그램을 포기하고 통합 마일리지 프로그램을 속속 도입하게 되었다. 고객들이 미처 인지하지 못했던 통합 마일리지 프로그램에 대한 잠재욕구를 발견하여 이를 시장의 규칙으로 확립한 OK 캐쉬백 사례는 시장 선점에 그치지 않고 선도하려는 노력을 엿볼 수 있다. 이렇듯 고객의 가치를 파악하고 이를 충족시켜주려는 마케팅은 선도 기업이 되기 위한 필수 조건이다.

세계 최대 규모의 인터넷 경매 사이트 이베이도 고객의 가치를 혁신시키기 위해 많은 노력을 기울였다. 3천만 명에 육박하는 회원들의 목소리를 일일이 모니터링을 한 이베이는 이메일 커뮤니케이션 등 고객 각각의 개별적인 관심사를 파악하였다. 이런 개인적인 관계 형성은 형식적인 것이 아니라 고객들로 하여금 자발적인 관계 형성 의지와 강한 결속력을 가지게 할 수 있었다. 시장 점유율 1위뿐만 아니라 선도 기업으로서 포지셔닝을 지키려면 고객과의 관계 설정에 진부함이 없어야 한다. 고객은 더 이상 '제품'을 구입하지 않는다. 피터 드러커의 말처럼 고객은 '만족'을 구입한다. 그렇기 때문에 안일한 생각으로 시장의 지배적 위치에 안주한 마케팅은 실패할 수밖에 없다. 스포츠 용품 업계의 선도 기업인 나이키의 경쟁 상대는 동종 업계가 아니라 닌텐도라는 말 역시 제품 자체보다 그것이 주는 가치, 만족을 두고 나온 말이다. 그리고 고객가치의 만족은 바로 새로운 혁신의 가치 제공을 할 수 있는 제품과 서비스, 그리고 마케팅 커뮤니케이션으로 가능하다.

Marketing Clue

에코시스템으로 경쟁하라

시장과 기업은 정글과 같다는 말을 종종 듣는다. 실제로 비즈니스 세계를 일종의 생태계로 보는 입장도 있다. 다윈의 진화론과도 맞닿아 있는 이 주장은 기업이 홀로 존재할 수 없다는 것을 이야기한다. 치열한 경쟁으로 최후의 승자만이 살아남는 게임이 아니라 '공진화(共進化)'하여 조화와 공동의 발전을 꾀한다는 것이다.

에코시스템(Eco-System)은 이런 공진화를 기반으로 한 산업 전체의 발전을 의미한다. 특히 선도 기업이 완전한 독점이거나 주변 협력 업체와의 관계를 일방적인 수직 관계로 설정하는 것이 아니라 협력을 하면서 해당 비즈니스 생태계를 변화 발전하도록 이끌게 된다. 상생을 추구하는 관계이기 때문에 당연히 서로 간의 윈-윈을 꾀하게 된다.

SK텔레콤이 협력 업체와의 관계를 강화하기 위하여 '상생혁신센터'를 만들어 협력 업체인 중소기업에 자금과 기술, 유통망, 인프라 등을 제공하는 지원 역시 이러한 에코시스템의 일환이다. 따라서 시장을 선도하는 기업은 해당 시장의 긍정적인 변화 발전을 주도하면서 자신의 이익을 실현할 수 있게 되어, 자신과 타 기업, 그리고 고객에게까지 긍정적인 영향을 미칠 수 있게 된다. 그러기에 단순히 시장을 선점하여 이익 실현을 추구하는데 그치기보다 한 발 더 나아가 시장을 선도하는 기업이 되어야 하는 것이다.

Part 3

고객 경험

스스로 보고, 듣고,
말하고, 느끼게 하라

스토리에 빠져들게 하라

Marketing Story

"잠시 꺼두셔도 좋습니다."

고즈넉한 대나무 숲에서 배우 한석규가 맑은 바람을 쐬며 말한다. 그 순간 광고를 보던 시청자는 바쁘게 살아오며 연신 휴대폰을 들여다보던 자신을 되돌아보게 된다. '정말 꺼놓고 잠시 마음을 다듬을까?'라며 자연스레 화면 속의 모델과 자신을 동일시하며 여유로운 휴식에 빠져든다.

SK텔레콤의 'Speed011'은 무조건 품질이 좋다, 서비스가 뛰어나다는 식의 직설적인 광고가 아니라 매번 전달하고자 하는 메시지를 '스토리'로 제시하였다. 유머로, 때로는 잔잔한 이야기로 메시지를 전달하던 Speed011은 한석규를 내세우면서 소비자들과 공감대를 형성하는 것에 성공하였다. 당시 주 타깃이었던 남성 직장인과 동일시 될 수 있는 이지적인 이미지의 한석규가 이야기하는 메시지는 곧 나의 이미지요, 추구하는 가치였던 것이다.

어느 기업이든 자신의 제품과 서비스를 고객에게 알리기 위해 다양한 전략을 고민한다. 브랜딩과 커뮤니케이션 전략을 짜면서 어떻게 하면 고객이 확실하게 기억하게끔 할 수 있을까 생각하며 갖가지 시그널을 내보낸다.

'우리 회사 것이 최고'라는 메시지를 직설적으로 이야기해봤자 별다른 감흥을 주지 못한다. 누군들 자신의 것이 최고라고 하지 않겠는가. 가뜩이나 홍수처럼 쏟아지는 제품 광고와 메시지 속에서 차별화되지 않으면 말 그대로 스팸 메시지에 불과하다.

기발하고, 눈에 확 띄고, 자극적인 광고는 당장의 주목은 받겠지만 오랫동안 여운을 남기기는 힘들다. 다양한 고객과의 접점에서 강렬한 이미지를 일관되게 유지하려면 고객이 제품과 서비스의 차별적인 가치를 느낄 수 있어야 한다. '이 제품은 이러저러해서 좋은 것이다'는 이성적인 판단도 중요하지만 일일이 그것을 설득할 수 있는 시간이나 공간은 애초부터 거의 불가능하다. 차근차근 제품 설명서를 읽어주듯 고객을 설득하는 동안 벌써 경쟁업체의 신제품과 서비스가 시장을 장악하고 있다. 그렇다면 전달하고자 하는 메시지를 구구절절 설명하는 것이 아니라 고객의 마음에 닿을 수 있는 이야기로 만들어 전달한다면 어떨까. 고객과 친숙한 스토리텔링을 통해 다가선다면 고객들의 머릿속에 더욱 뚜렷하게 기억될 수 있을 것이다.

왜 신화와 설화가 존재하는가를 생각해보자. 단순히 재미와 흥

밋거리 때문에 오랜 세월 동안 입으로 전해졌다기보다 스토리 안에 들어 있는 메시지가 유용해서 구전되었다고 보는 것이 맞다. 충성에 대한 이야기이든, 효도와 믿음의 이야기이든 딱딱한 훈계보다 스토리로 전달하니 귀에 쏙쏙 들어올 뿐만 아니라 사람의 마음까지 움직이게 되는 것이다.

주목할 스토리를 만들어라

남과 다른 이야기를 전달하고 그 이야기를 확산시키려는 것은 첨단 기술과 보이지 않는 서비스 사업인 이동통신도 마찬가지이다. 특히 기술이 진화하고 시장이 성숙해짐에 따라 통화 품질이 홀로 저만치 앞서가는 것이 아니라 엇비슷해지고, 서비스 제공 역시 그 차이가 고객들에게 명확히 인식되지 못한다. 이러다 보니 시장은 포화상태가 되고, 업체 간의 경쟁은 치열해져 저마다 차별적인 포지셔닝을 하기 위해 노력하고 있다.

SK텔레콤 역시 선점 업체라는 유리한 고지에서 마냥 느긋하게 안주할 수 없었다. 후발 주자의 매서운 추격에 어떻게 하면 리딩 기업으로서 고객과의 관계를 강화할지를 고민하였다. Speed011에서 T에 이르기까지 급변하는 시장 환경과 고객의 니즈에 부합하는 차별적인 가치와 의미를 스토리로 전달해왔다. 1997년에 '자부심'이라는 코드로 Speed011이란 브랜드가 사람들에게 기억될 수 있도록 만든 유머 광고 시리즈가 그 시작이었다. 초기에는 최고의 통화 품질을 제공한다는 것을 알리기 위해 "때와 장소를 가리지 않는다"는 메시지를 유머 형식으로 알렸다. 우스꽝스러운 상황에서 때와 장소를 가리지 않는다는 메시지는 굳이 경쟁업체와의 성능 비교를 할 필요도 없이 고객들에게 어필될 수가 있었다. 또 광고의 유머 자체가 일상생활에서 사용되면서 '때와 장소를 가리지 않고' Speed011이 사람들의 입에 오르내릴 수가 있었다.

초기의 메시지 전달이 성공하자 연이어 "번호의 자부심이 다릅니다", "갖고 싶은 번호"로 고객들로 하여금 자부심을 느끼게 하는 메시지와 스토리로 선도 기업의 이미지를 계속 이어갔다. 이런 스토리 방식의 마케팅은 자연스럽게 경쟁업체와의 순위를 매겨버리는 효과도 있었다. 늘 1위이자 믿음이 가는 Speed011이고, 경쟁업체는 그 뒤를 애써 쫓아가는 형국이 되어버렸다. 심지어 "잠시 꺼두셔도 좋습니다"는 메시지는 자만이라기보다 높은 수준의 통화 품질과 시장 리더십에 기반한 자부심이라고 보는 것이 옳다. 차분한 목소리와 이지적인 이미지의 한석규는 주 타깃인 직장인 남성의 롤 모델과 같았고 그 메시지는 이동통신이라는 서비스에 국한된 것이 아니라 고객의 품격을 높이는 동반자로서 SK텔레콤을 설정한 것이었다. 이렇게 고객의 자긍심을 자극하는 브랜드 스토리텔링은 '011'이란 번호가 경쟁사보다 더 높은 가입비와 요금을 지불해도 그만한 가치가 있다는 메시지를 거부감 없이 받아들이게 하고 프리미엄 이미지를 얻게 한 일등공신이라 해도 과언이 아니다.

　Speed011의 브랜드 스토리 성공은 TTL에서도 계속 이어졌다. "토마토 보기도 싫어요. 음악은 다 좋아해요. 남자친구는 잘 생기면 좋죠 뭐. 공부에 대해선 물어보지 마세요. 충격적이에요. 강아지는요. 제가 많이 때려요. 배까지 물었어요. 팔아버릴 생각이에요." 라는 임은경의 대사에서는 이동통신의 메시지는 하나도 발견할 수가 없다. 그저 자신의 일상에서 나오는 이야기로 보일 뿐이다.

　"도대체 무슨 이야기야?", "뭘 광고하는 거야?" 등 온통 물음표를 달며 고객들이 수군거리던 초기의 TTL 광고는 직설적인 메시지를 노출하던 기존의 광고 방식과는 사뭇 달랐다. 중성적이고 신비한 느낌을 주는 무명의 임은경을 모델로 내세운 티저 광고는 물고기, 어항, 조개 화석, 에덴동산을 연상시키는 사과, 태엽 등은 순수와 감수성을 표현하는 이미지였다. 그리고 이런 이미지는 20대의 감수성과 정체성과 맞닿아있다. 그러다 임은경은 '토마토' 편에서 처음으로 입을 열었다. 공부와 연애에 대해 주로 이야기한 이 광고는 20대의 일상적인 고민과 일치하였다. 그리고 토마토는 채소도 과일도 아니라는 모호한 정체성이 바로 20대의 과도기적인 정체성을 상징하였다. TTL 광고는 쉽게 이해하기가 어렵지만 독창적이고 매력적인 비주얼로 순수, 도발, 동화 같은 사랑 등 20대의 코드와 감수성으로 공감을 불러 일으켰다. 그 결과 TTL은 더 이상 서비스의 명칭이 아니라 20대의 대표적인 문화 아이콘으로 자리 잡게 되었다.

　브랜드와 자신을 동일시 할 수 있는 것이야말로 가장 효과적인 마케팅이다. 저 광고가, 저 모델이 왠지 나와 똑같다고 생각한다면 그들이 내세우는 제품과 서비스 또한 나의 일부로 여겨지기 때문이다. 그리고 이런 제품과 서비스의 브랜드 스토리가 사람들의 입에 오르내린다면 해당 산업 전체를 대표하는 아이콘이 될 수 있다.

감성을 자극하는 이야기를 개발하라

　제품을 고를 때 딱히 선호하는 브랜드가 없다면 선뜻 선택하기가 애매하다. 예전에는 제품의 종류도 많지 않고 기능이나 품질도 대체로 구분할 수가 있었다. 몇 개 안 되는 제품들 중에서 고르는 것이 그다지 어려울 것도 없었다. 그런데 요즘은 어떤가. 기술력도 어느 한 업체만의 독주가 아니라 엇비슷하게 발달해서 품질과 기능에서 별 반 차이가 없다. 획기적인 기능과 품질의 제품이 나와 시장에서 주목 받으면 금세 모방한 경쟁 제품이 나오곤 한다. 이렇게 비슷비슷한 제품들 속에서 고객들의 눈길을 끌기란 여간 힘든 게 아니다. 이야기를 만들어 전한다 하더라도 사람들의 주목을 끌고 마음속에 자리 잡을 수 있도록 한다는 것이 좀처럼 쉬운 일은 아니다.

　와인 초보자가 대형할인매장에 가서 와인을 고르는데 종류가 한두 가지가 아니다. 발음도 어려워 이름 외우기도 힘들다. 게다가 도메인이니, 빈티지니 하는 관련 용어도 뭐가 뭔지 골치만 아프다. 그렇다고 머뭇거리고 있으면 괜히 초보 티를 팍팍 내는 것 같아 마뜩잖다. 이렇게 어려운 와인 고르기도 특정 제품 이름을 외우고 있지 않다면 더더욱 선택하기가 힘들다. 그렇다면 복잡하게 와인 이름이나 용어를 외우며 공부하는 것보다 귀에 쏙쏙 들어오는 스토리를 통해 알고 있었다면 어떨까. 사실 와인만큼이나 스토리가 풍부한 제품도 없다. 유명 와인에 대한 흥미진진한 탄생 비화나 영화에서 등장한 와인 관련 이야기, 혹은 특정 와인을 고집하는 유명인의 이야기가 재미있다면 그 와인을 더 찾기 마련이다.

'샤토 무통 로칠드'란 와인은 브랜드 스토리를 풍부하게 가진 와인이라 할 수 있다. 이 와인은 1947년부터 장 콕토를 비롯하여 달리와 피카소, 그리고 팝 아트의 앤디 워홀까지 정상급의 아티스트들이 와인 라벨을 디자인하는 전통으로 유명하다. 유명한 예술가들의 작품은 많은 사람들이 그것을 보러 먼 길을 찾아오는 수고로움을 마다하지 않는다. 그런데 이들이 디자인한 라벨이 붙은 와인을 테이블에 놓고 마신다고 생각해보라. 자연스레 위대한 예술가들의 그림과 인생, 그리고 와인의 이야기를 주고받으며 하나의 이미지로 생각할 것이다.

샤토 무통 로칠드는 오랜 세월 동안 일관되게 와인 라벨 디자인을 당대의 예술 거장들에게 의뢰해왔다. 덕분에 사람들이 동경하는 예술과 문화, 역사를 와인 브랜드에 접목하였고 명실상부한

샤토 무통 로칠드의 라벨 디자인

명품 와인으로 자리 잡았다. 와인 자체뿐만 아니라 와인을 마시면서 즐기는 기분, 그리고 프랑스어로 '무통'이 뜻하는 양(¥)을 주제로 한 와인 레이블의 디자인은 그 자체가 하나의 품격 있는 문화로 받아들여졌다.

와인 이야기를 좀 더 하자면, 국내에 와인 열풍을 불러일으킨 것에 한몫을 한 '신의 물방울'이란 일본의 만화도 와인의 스토리텔링 마케팅에 적지 않은 기여를 했다. 샤토 무통 로칠드를 묘사하며 밀레의 '만종'으로 비유한 만화의 이야기는 흥미진진하게 전개된다. 이뿐만 아니다. 실제 '만종'으로 비유되었던 '샤토 무통 로칠드 1945년산'이 2007년 뉴욕 소더비 경매에서 31만 700달러라는 사상 최고가에 낙찰된 사실 또한 화제를 불러일으키기에 충분했다. 이제 어떤 유명 예술가가 라벨 디자인을 할지가 와인 애호가와 일반인들의 관심사가 되었다. 이런 스토리는 샤토 무통 로칠드의 와인병을 감상과 수집 목록에 올려놓았고 예술적인 가치를 인정받게 하였다.

외국의 어느 공항에서 차가운 북극해의 빙원을 통째로 사들여 각얼음을 만들었다고 한다. 그리고는 이 각얼음을 공항의 VIP 고객들에게 나눠주면서 "이 얼음은 피라미드가 만들어지기 훨씬 전부터 존재했던 공기, 즉 태고의 숨결이 간직되어 있습니다"라고 적힌 카드를 함께 보여주었다. 순간 작은 각얼음은 어디에서도 구할 수 없는 귀한 것이 되었다. 이처럼 각얼음이나 샤토 무통 로칠드와 같이 품질보다 브랜드에 얽힌 사연과 이야깃거리는 긍정적이고, 친근하고, 또 오랫동안 사람들의 뇌리에 인식된다. 그리고 때론 감동을 불러일으킨다. 실제로 구매를 하러 갈 때 굳이 이름을 몰라도 스토리만을 이야기하면서 쉽게 물건을 찾을 수가 있다. 도토리 키 재기 식의 경쟁에서 고객들에게 어필할 수 있는 가장 큰 무기는 이처럼 '감성'을 자극할 수 있는 브랜드 스토리이다.

Marketing Clue

매력적인 스토리텔링을 만들어라

'드림 소사이어티(Dream Society)'는 미래학자인 롤프 옌센(Rolf Jensen)이 정보화 시대 이후의 사회를 지칭한 말이다. 그는 이제 소비자들이 지식과 정보에서 가치를 추구하는 것이 아니라 꿈과 감성을 통해 가치를 찾는 드림 소사이어티에 들어서고 있다고 한다.

고만고만한 제품끼리 앞서거니 뒤서거니 하며 경쟁을 해봤자 기능이나 품질 면에서 별 차이가 없다. 그렇다면 소비자가 제품을 고르려 할 때도 기능과 품질 등 기술적인 면을 꼼꼼하게 따지기보다 감성적으로 와 닿는 제품에 손이 먼저 가게 된다.

스토리텔링이란 상품에 담겨있는 의미나 재미있는 이야기를 가공, 포장하여 전달함으로써 마케팅커뮤니케이션에 활용하는 감성지향적 마케팅 기법이다. 현대의 소비자들은 이성에 근거하여 제품을 평가하고 구매하기보다 제품에 내재된 흥미진진한 스토리에 공감하고 그 특유의 분위기와 감성을 즐기고 공유하기 위해 지갑을 연다. 더욱이 이야기는 그냥 듣고 끝나버리는 것이 아니라 꼬리에 꼬리를 물고 퍼져나가기 때문에 스토리텔링은 제품의 인지도 확산과 이미지 구축에도 효과적이다. 따라서 기업은 자사 브랜드가 주의를 모으고, 널리 알려지고, 잘 기억되고, 많이 팔리도록 제품에 이야기를 덧칠한다. 즉 기업이 의도적으로 브랜드 스토리를 개발하거나 항간에 떠도는 브랜드 관련 소문을 포장하여 적극적으로 유포하는 것이다. 초기 Speed011 브랜드처럼 '자부심'이라는 코드를 다양한 각도로 보여주면서 소비자들의 입에 오르내리게 해주고, 또는 TTL처럼 '1924' 세대들의 스토리를 스스로 만들 수 있는 단초를 제공해 주는 것 등이 이에 해당한다.

그렇다면 브랜드 스토리텔링이 성공하려면 구체적으로 어떻게 이야기를 만들고 유포해야 할까? 무엇보다 이야기가 매력적이어야 한다. 너무나 뻔하고 진부한 사실이나 딱딱한 이야기보다는 사람들의 마음을 움직일 만큼 흥미롭고 독특해야 하는 것이다. 또한 소비자와의 공감을 불러일으키는 것도 중요하다. TTL처럼 20대의 정체성을 소재로 그들이 원하는 방식으로 그들에 대해 대신 이야기해 줌으로써 공감대를 형성한 것이 그 좋은 예라고 할 수 있다.

한편 스토리를 다양한 채널을 통해 복합적으로 유통시키는 것 또한 중요하다. 스토리 유포 시 TV, 신문, 인터넷, 영화, 책, 매장, 제품 등 다양한 소비자 접점을 활용할 수 있다. 〈신의 물방울〉처럼 만화를 통해서 와인 구매층인 성인의 마음을 파고들 수도 있다. 노키아는 아예 엔딩 크레딧이 노키아 휴대폰의 액정 화면 안에 담겨 나오는 '휴대폰(Cellular)'이라는 제목의 영화를 제작하기까지 했다. 스타벅스는 자사의 성공 스토리를 일련의 책으로 출간함으로써 브랜드 스토리를 홍보한다. 브랜드 스토리가 일시적인 유행에 그치지 않고 소비자와의 깊은 공감대와 쌍방향 커뮤니케이션을 바탕으로 지속한다면 스토리 문화로 진화할 수도 있다.

스토리로 포지셔닝하라

 Marketing Story

일요일, 한 주 동안의 부족한 잠을 보충하느라 해가 중천에 떠서야 일어난 김 대리는 습관처럼 TV를 켰다. 쉬는 것도 좋지만 그렇다고 의미 없이 주말을 보내기는 싫다. 김 대리는 애써 이불을 들추며 몸을 일으켰다. 그때 TV 광고의 한 장면이 그의 눈길을 끌었다.

"저장된 전화번호는 많은데 걸 사람이 없는 경우 인간관계를 되돌아보라!"

광고를 보던 김 대리는 무심코 휴대폰을 꺼내 들었다. 그런데 정말, 마땅히 전화를 걸만한 사람이 없었다. 김 대리는 '설마 내가…' 하며 다시 휴대폰의 전화번호부를 들여다보았지만 결론은 마찬가지였다.

김 대리는 SK텔레콤의 '현대생활백서' 광고를 보며 내심 동질감을 느꼈다. 지금까지 뭘 하며 살아왔는지, 주말 오후 마음 편히 전화할 곳이 마땅히 없다는 사실을 깨달은 것이다. 김 대리는 광고의 이야기처럼 자신도 인간관계를 다시 생각하기로 마음먹고 한 사람, 한 사람 떠올리며 자신이 먼저 그들에게 다가서기로 한다.

광고가 "이 제품을 사주세요!"라고 노골적으로 이야기하는 것이 아니라 일상생활의 다양한 모습을 보여준다? 예전 같으면 구매를 유도하는 직접적인 메시지가 없다며 광고 제작 단계에서 폐기되었을 광고일 수도 있다. 그러나 지금은 고객들에게 가장 친근함을 느끼게 하는 브랜드 스토리텔링으로 인정받고 있다.

물론 기발한 브랜드 스토리로 성공을 거두었다 해서 만족하고 안주해서는 안 된다. 꾸준히 고객만족을 추구하는 기업으로서는 시시각각 변하는 현대 사회의 문화와 사람들의 정서를 읽지 못한다면 외면받기 십상이다. 불과 몇 년 전까지만 하더라도 시장 1위였던 업체가 순식간에 변방으로 밀려나는 것은 이제 놀랄 일도 아니다. 레드오션의 항해는 거칠고 언제 난파될지 모르는 긴장의 연속이다.

브랜드 스토리 역시 마찬가지이다. 지금은 재미있고 인구에 회자된다 하더라도 시대의 흐름에 맞지 않는 시점이 되면 순식간에 잊히는 것이다. 아니 잊히면 차라리 낫다. 새롭게 이야기를 써내려 갈 수 있으니 말이다. 그런데 잊히는 게 아니라 "대체 언제 적 이야기를 하는 거야?"라는 식의 부정적 반응이거나 혹은 고객의 정서에 맞지 않는다면 역효과가 생겨날 수 있다. 미국의 월마트 성공 스토리는 마치 다윗이 골리앗을 이긴 것처럼 작은 기업의 성공 이야기가 담겨 있다. 그러나 월마트의 한국 진출은 실패 사례로 언급된다. 미국식 창고형 매장처럼 어두침침하고 서비스가 별로 없는 월마트는 한국인의 정서에 맞지 않았다. 아무리 재미난 스토리를 가진 기업이라 하더라도 이렇게 고객들의 정서와 맞지 않다면 아무런 소용이 없다.

SK텔레콤 역시 Speed011과 TTL의 성공에 안주하지 않았다. 잠시 꺼두어도 좋다는 메시지를 전달할 때의 자부심과 점잖은 신뢰에서 톡톡 튀는 20대의 발랄함과 독특함, 그리고 이동통신의 일상화로부터 발생하는 하나의 문화까지 SK텔레콤은 매 순간 고객의 정서에 주목하였다. 이러한 주목은 시대가 바뀌는 것에 발맞춰 브랜드의 포지셔닝 또한 늘 곁에서 가장 친근한 위치를 차지할 수 있도록 해주었다.

스토리는 자기 진화의 힘을 가져야 한다

SK텔레콤은 Speed011에서 TTL, 그리고 T브랜드까지 늘 새로운 스토리를 선보였다. '현대생활백서'라는 캠페인도 사람들이 좋아했던 광고였다. 휴대폰을 둘러싼 소비자들의 다양한 생활 속 에피소드가 담긴 이 광고는 누구나 "나도 저랬어!"라는 공감대를 가지게 하였다. 당연히 소비자들은 이 광고가 자신의 이야기인양 공감했고 자연스레 SK텔레콤은 경쟁사와 차별화된 새로운 모습으로 소비자들에게 다가갈 수 있었다.

현대생활백서 시리즈는 브랜드 스토리텔링의 진화된 모습도 보여주었다. 그동안 광고에서 일반 소비자가 등장하는 장면이 없었던 것은 아니다. 그러나 대부분 짜놓은 콘티에서 인터뷰 형식이나 간단한 제품에 대한 만족감을 표시하는 수준이었다. 그러나 현대생활백서는 소비자의 아이디어를 공모하여 일반 소비자가 직접 제작과 출연을 하였다. 소비자의 참여는 이것이 끝이 아니었다. 휴대폰으로 인해 바뀐 현대인의 생활상과 에피소드를 재미있게 묘사한 《현대생활백서 1, 2》라는 책이 출간될 정도였다. 이제 브랜드 스토리는 기업이 혼자 재미있게 만드는 것이 아니라 소비자와 함께 만드는 작업이 되었다. 그만큼 사람들이 받아들이는 친숙함은 더 커졌고 동시대를 호흡하는 기업의 이미지를 확고하게 세울 수가 있었다.

2008년에는 새로운 이동통신 대표 브랜드로 'T'를 내세우면서 로고의 리뉴얼과 동시에 '생각대로 T' 캠페인을 전개하였다. 이 캠페인은 소위 '되고송'이라 불렸던 로고송이 대박을 터뜨리며 성공적으로 진행되었다. 간단하고 친근한 멜로디의 '되고송'은 생활 속의 다양한 상황에서 어떤 고민이든 간에 '생각대로 하면 된다'는 긍정의 마인드를 담고 있었다. 친근한 멜로디로 인해 따라 부르기도 쉬웠지만, 무엇보다 긍정과 희망의 메시지가 있었기 때문에 많은 사람들이 공감하였다. 게다가 노랫말을 각자의 사연에 따라 개사하여 그야말로 자신의 스토리를 담은 노래로 재생산되기도 했다. 각종 인터넷 게시판과 블로그, 그리고 TV에서 패러디물이 넘쳐났던 '되고송'은 광고와 CM을 활용한 스토리텔링의 힘을 보여준 사례라고 할 수 있다.

'되고송'의 성공은 2009년 '비비디 바비디 부' 캠페인으로 이어졌다. '비비디 바비디 부'는 생각만 하면 그대로 이루어진다는 마법의 주문이다. 월트 디즈니의 애니메이션 〈신데렐라〉에서 마법 요정이 신데렐라의 소원을 들어주기 위해 외운 주문에서 따온 '비비디 바비디 부'는 어려운 시기에 긍정의 힘과 메시지를 간결하게 전하는 효과와 더불어 자신의 소원을 비는 개인의 스토리를 만들어낼 수 있었다.

이처럼 브랜드의 스토리텔링은 쉴 새 없이 고객과 호흡을 함께하면서 바뀌어야 한다. 과거의 성공과 명성에 기대어 일방적으로 제품과 서비스를 선택하라는 것은 오만이다. 자동차에 대해 조금이라도 관심이 있는 사람이라면 '볼보(Volvo)'라는 브랜드를 '안전하다'는 이미지와 쉽게 연결시킬 것이다. 한결같이 안전한 차의 이미지로 고객들에게 어필해왔던 볼보는 디자인에도 이런 안전의 이미지가 충실히 반영되어 왔었다. 그러다 보니 날렵하고 매끈한 스포츠카 디자인보다 대체로 박스형의 튼튼한 인상을 주는 투박한 디자인이었다. 그러나 얼마 전까지는 안전이야말로 자동차를 몰면서 가장 중요하게 생각하는 요소이므로 디자인이 세련되지 않다는 점이 굳이 약점이 되지는 않았다. 오히려 우직하게 안전을 강조하는 볼보의 이미지는 신뢰의 상징이 되었고 명차의 기준으로 받아들이게 되었다.

이런 볼보의 이미지는 영원불변할 것만 같았다. 그러나 2007년에 볼보는 스스로 기존의 이미지를 한순간에 바꾸어버린다. 박스형의 고루한 디자인에서 해치백 스타일의 'Volvo C30' 모델이 등장한 것이다. 차의 뒷유리와 트렁크 문이 일체형으로 연결되어 있는 해치백 스타일은 트렁크를 열 때 뒷유리까지 같이 들어 올려진다. 이런 해치백 스타일은 박스형의 디자인이 아니라 유선형의 디자인으로 만들 수밖에 없다. 볼보의 C30은 일약 '엉덩이가 예쁜 차'라는 별명까지 얻으며 폭발적인 관심을 끌어냈다.

볼보는 왜 스스로 그토록 고집하던 두꺼운 외투를 벗어버리고 날렵하고 발랄한 옷으로 갈아입었을까? 이전까지 볼보는 우직하게 안전만을 고집하였고 고객들도 이를 받아들였다. 그러나 고루한 디자인을 벗어나지 못하자 고객들은 서서히 외면하기 시작했다. 그도 그럴 것이 동종의 자동차 사양들이 서로 비슷하다면 좋은 디자인을 고르는 법이다. 거기에다 이제는 고객의 취향이 디자인이 좋으면 약간 사양이 떨어지더라도 선뜻 구매하는 게 대세이다. 볼보는 새로운 스토리를 써내려가기 시작했다. 해치백 스타일은 실용적인 면을 중시하는 고객들에게 어필하는 스타일이다. 그렇기 때문에 C30 모델은 '멋지면서도 실용적인' 이미지에 기존의 '안전한' 이미지까지 덧붙여 '안전하면서도 멋지고 실용

기존의 이미지를 바꾼 해치백 스타일의 볼보 C30

적인' 볼보의 스토리를 전하고 있다.

볼보의 C30은 '국제 레드닷 디자인 어워즈'의 차량 부분 수상을 하면서 일약 주목을 받았고, '2007 프랑크푸르트 모터쇼 오토니스 카 디자인 어워드'에선 '가장 멋진 모델'로 선정됐다. 이제 볼보는 더 이상 지루한 디자인의 자동차가 아니다. 고객들은 이제 '볼보도 디자인을 한다'고 생각한다. 안전한 이미지에서 멋지고 실용적인 이미지로 자기 진화한 볼보의 브랜드 스토리는 이야기를 어떻게 이어나가야 고객들에게 어필할 수 있는지를 알려준다. SK텔레콤 역시 끊임없이 브랜드 스토리텔링을 시도하며 소비자의 감성을 파고들거나 생활 속에 밀착하고자 하였다. 그러한 혁신적인 마케팅 노력이 현재의 브랜드 가치와 리더십을 유지해 온 원동력이었다고 할 수 있다.

스토리로 강렬한 브랜드 파워를 보여라

브랜드 간의 경쟁은 자욱한 포연과 비명만 들리지 않을 뿐 치열한 전쟁과 다를 바 없다. 그 속에서 미처 피어보지도 못하고 사라져버리는 꽃과 같은 운명에 처한 브랜드가 있는가 하면, 수십 년을 탄탄한 거목처럼 꿋꿋하게 유지해온 브랜드도 있다. 코카콜라와 페라가모처럼 오랜 세월을 거쳐온 브랜드는 저마다 스토리를 가지고 있다. 영화 〈7년만의 외출〉에서 마릴린 먼로가 지하철 통풍구 위에서 치맛자락을 날리는 장면에서 사람들은 섹시한 페라가모 구두를 볼 수 있었다. 이 장면을 촬영하기 위해 이탈리아에서 급히 공수해온 페라가모의 스토리는 아직도 광고에서 언급할 정도로 많은 이에게 알려졌다. 영화와 구두의 만남은 이렇게 재미있는 이야기로 구전되며 브랜드의 이미지를 강화시킨다. 더불어 세월이 흘러도 섹시함과 명품의 변치 않는 가치를 보여주고 있다.

사람은 나이를 먹을수록 세상과 환경의 변화에 적응하여 살아간다. 브랜드 역시 마찬가지이다. 시장 환경과 소비자 니즈의 변화에 적절하게 대응하는 '재활성화(Revitalization)'를 통해 수명을 연장하려고 한다. 새로운 브랜드를 개발하여 시장에 내놓고 이를 키워가는 것은 많은 비용과 노력을 필요로 한다. 그리고 성공 역시 보장받을 수가 없다. 그래서 자산가치가 높은 브랜드가 있다면 지속적인 관리와 브랜드 강화를 통해 장수 브랜드로 끌고 가는 것이 기업 입장에서 여러모로 유리하다.

그렇다면 브랜드 재활성화를 하는 방법에는 어떤 것들이 있을까? 질병이 발견된 뒤에야 치료나 수술을 한답시고 호들갑을 떨기보다 미리 예방하는 게 제일 낫다. 돈이 남아돌아 값비싼 치료와 병원비를 감당할 수 있다손 치더라도 미리미리 운동을 하며 예방을 하는 게 여러모로 낫다는 것은 상식이다. 브랜드의 재활성화 역시 이와 다를 것이 없다. 사람들이 고루하게 느끼기 전에 미리 브랜드의 생동감을 보여줘야 한다는 말이다.

우선, 의도적으로 사람들이 해당 브랜드를 많이 이용할 수 있도록 하여 힘을 실어주는 방법이 있다. 예를 들어 광고를 더 늘리거나 구매 유도를 위한 매장 진열 관리, 또는 가격 할인과 판촉물 증정 등의 프로모션을 강화하는 것이다. 이런 방식은 브랜드 매출을 증가시켜주는 효과가 있지만 이보다 더 적극적인 의미의 브랜드 재활성화는 본질적인 부분을 손대는 것이다. 먼저 브랜드의 핵심 요소는 건드리지 않고 브랜드 네임, 로고, 패키지, 슬로건 같은 일부 요소를 최근 트렌드에 맞게 수정과 변경을 시도한다. 패션에 유행이 있는 것은 시대가 변하면 사람들의 취향이 변하기 때문이다. 언뜻 보면 별다른 문제가 없는 듯 보이는 장수 브랜드들도 시대에 뒤떨어져 보이지 않게 꾸준히 업그레이드를 해왔다. 코카콜라나 아이보리 비누와 같이 브랜드 가치가 높은 장수 브랜드도 핵심 콘셉트는 일관되게 유지하면서도 패키지나 로고 등에 대해 소폭의 꾸준한 리뉴얼을 시행해왔기에 브랜드 쇠퇴를 예방할 수 있었다.

브랜드의 이미지와 핵심 아이덴티티가 현재의 시장 상황과 맞지 않거나 시장경쟁력이 자꾸 떨어질 기세가 보인다거나 혹은 해당 세분 시장의 성장성이나 수익성이 낮아져서 새로운 시장으로 이동해야 하는 경우에 브랜드의 리포지셔닝(repositioning)을 심각하게 고려해야 한다. 이럴 때 지금까지 가지고 있던 이미지를 바꿀 수 있는 새로운 스토리텔링을 선보일 수 있다면 정말 효과적인 리포지셔닝을 기대할 수 있다. 철저한 시장 경쟁 구도 분석을 통해 시장에서 새로운 위치로 리포지셔닝이 되어 브랜드 이미지가 변경될 수 있다는 것이다.

밀러는 70여 년 동안 버드와이저에 밀려 2인자에 머물고 있었다. 그도 그럴 것이 맥주를 '샴페인 같은 맥주'라는 콘셉트로 캠페인을 하고 있었으니 그다지 먹혀들지 않았던 것이다. 샴페인의 맛을 음미하며 편안하게 맥주를 마시는 상류층은 없었다. 그냥 고급 샴페인을 마시면 되기 때문이다.

그러다 1970년대에 들어서면서 밀러는 타깃을 육체노동자로 바꾸었다. '밀러 타임(Miller Time)'은 힘든 일을 끝내고 시원하게 밀러를 마시는 노동자의 모습을 이야기하며 시장점유율을 무려 7배나 높일 수가 있었다. 땀을 흘리고 난 뒤에 마시는 시원한 맥주의 연상을 이끌어내는 스토리는 밀러의 브랜드 리포지셔닝을 성공적으로 이끌어낸 일등공신이었다.

역사가 깊거나 이미지가 고착된 브랜드의 경우에는 라인 확장이나 서브 브랜드의 개발로써 새로운 이미지를 보여줄 수 있다. SK텔레콤의 'Speed011'이 신뢰와 자부심의 스토리텔링을 이야기했다면, TTL은 타깃을 세분화하여 맞춤형 브랜드로 자리 잡았다. 이때 스토리텔링은 기존의 Speed011과 사뭇 달랐지만 이미 확보한 자부심과 리딩 기업의 이미지가 연결되어 새롭고 더 확장된 이미지를 보강할 수가 있었다.

그런데 이런 방법으로도 통하지 않는다면 과감하게 수술용 메스를 들이대야 한다. 더군다나 회생 가망성이나 전략적인 활용도가 낮은 브랜드라면 치료나 수술이 무의미해지기 때문에 퇴출시키는 결단을 내려야 한다. 지금까지 버텨온 브랜드의 역사와 인지도가 높아서 버리기 아깝다는 생각에 주저하게 되면 결과는 브랜드의 나쁜 인지도에 그치는 것이 아니라 자칫 회사의 운명마저 크게 흔들 수 있다.

Marketing Clue

브랜드 스토리텔링 : 공감(共感)의 원칙을 지켜라

공감의 스토리텔링을 만들려면 뚜렷한 이야기 구조와 전달하고자 하는 메시지가 분명해야 한다. 재미는 있는데 무슨 메시지를 전달하려 하는지 공감하지 않는다면 브랜드 스토리텔링은 실패한 것과 다름없다. 모호한 영상과 이야기로 스토리텔링을 시도하였던 TTL은 뚜렷한 메시지가 보이지 않았지만 그 자체가 주 타깃인 스무 살 내외의 세대들과 감성 교류가 일어나 하나의 아이콘으로 자리 잡았다. 즉 공감할 수 있었던 브랜드로 성공했다는 뜻이다.

브랜드 스토리텔링의 성공 요소는 바로 재미와 공감이다. 물론 단순한 재미보다 사람들의 호기심과 흥미를 끌 수 있는 이야깃거리가 충분히 공감되어야 친숙함을 가져다 줄 수 있다. 이솝 우화가 사람들에게 오랜 세월 동안 구전되며 인생의 지혜를 배울 수 있는 이야기로 인정받는 것은 바로 재미뿐만 아니라 공감할 수 있기 때문이다.

- 주변의 이야기를 들려줘라

어떤 고객이 MP3 플레이어를 사려고 할 때 단순히 제품의 기능과 장점에 관한 설명이나 광고 문구만을 보고 고르려니 내키지가 않는다. 그래서 열심히 인터넷 검색을 하면서 자신이 후보군으로 설정한 몇몇 제품에 대해 알아보기로 했다. 그랬더니 수많은 사용 후기가 쏟아져 나왔고, 친절하게도 각각의 제품이 가지는 장단점을 사진까지 덧붙여가며 설명하고 있었다. 그 고객은 후기를 꼼꼼하게 읽은 후에야 비로소 선택의 기준을 마련할 수가 있었다.

이처럼 굳이 기업이 나서지 않아도 고객들 스스로가 제품에 대한 스토리를 생산하고 있다. 비록 단점까지 여과 없이 공개되지만 일상에서의 체험 스토리는 번지르르한 기업의 광고 문구보다 더 신뢰성을 준다. 그렇기 때문에 많은 기업들이 미리 체험단을 만들어 제품의 사용 후기와 일상에서의 에피소드를 이야기로 만들어 좀 더 친숙하고 매력적인 점을 어필하고 있다.

- 새로운 것을 제시하려면 미래를 보여줘라

이동통신과 같은 첨단 서비스나 디지털 제품일수록 스토리는 공감하기 힘들다. 아직까지 겪어보지 못했기 때문에 쉽게 이해하기가 어려울 수밖에 없다. 그렇다면 새로운 기술이나 서비스를 이용하게 되었을 때 누릴 수 있는 이점을 분명하게 보여주는 것이 좋다. MP3 플레이어를 처음 들고 나왔을 때 사람들은 그 장점이나 가치를 제대로 느낄 수가 없었다. 하지만 지금은 누구나 쉽게 다운로드를 통해 MP3 플레이어나 PC에 저장하여 노래를 즐긴다. 이처럼 새로운 기술은 낯선 것이 아니라 조만간 일상적인 것으로 자리 잡을 것이라는 미래의 확신을 보여주는 것이다. 실제로 애플의 스티브 잡스는 항상 제품이 미리 나오기도 전에 이런 미래를 설득력 있게 보여주는데 탁월한 재능이 있었다. 그의 확신에 찬 스토리를 들은 사람들은 제품이 나오기도 전에, 또 기술에 대한 소개가 있기도 전에 미리 구매를 결정할 정도였으니 말이다.

- 제일 좋은 스토리는 직접 겪어본 느낌을 말하는 것이다

제품과 서비스에 대해 직접 시범을 보이는 것도 좋은 방법이다. 첨단 제품일수록 많은 매장에서 기능을 말로만 설명하는 것이 아니라 사용하는 모습을 보여주면서 제품의 장점을 확인할 수 있도록 해준다. 이때 산만하게 많은 것을 보여주는 것보다 핵심적인 장점만을 중점적으로 시범을 보이는 것이 좋다.

이처럼 시범을 보이는 것이나, 다른 사람이 체험한 브랜드 스토리가 나름대로 설득력이 있지만 아무래도 본인이 직접 겪어 보는 것과는 다를 수밖에 없다. '백문불여일견(百聞不如一見)'이란 말이 괜히 나온 것은 아니다. 체험을 통해 뭔가 자신이 원하는 가치를 얻었다면 자발적으로 브랜드 스토리텔링을 만들어서 확산시키려고 할 것이다. 이렇게 시작된 이야기는 스스로 가지를 치며 구전 효과와 더불어 브랜드 스토리텔링의 자가발전을 꾀하게 된다. 이것이야 말로 마케터가 가장 원하는 그림일 수밖에 없다.

친숙한 언어로 소통하라

 Marketing Story

여대생 Y씨는 휴대폰을 들여다보며 연신 웃음을 짓고 있다. 마침 옆을 시나던 친구가 뭐가 그리 좋으냐며 묻는다.

"준 때문에. 푸훗!"

"준? 너 남자친구 생겼니? 도대체 걔가 누구야?"

Y씨는 대답 대신 싱긋 웃어 보이며 강의실로 들어간다.

요즘이야 휴대폰 하나로 MP3 음악에 DMB까지 즐길 수 있는 세상이다. 그만큼 이동 중에 엔터테인먼트를 즐기는 것은 이제 자연스러운 일상이 되었다. 하지만 우리나라에서 이런 '모바일 멀티미디어 엔터테인먼트'의 문화가 열렸던 2002년에는 이런 풍경이 낯설게 느껴질 수밖에 없었다.

2002년 SK텔레콤은 '모바일 멀티미디어 엔터테인먼트 서비스'를 표방하는 브랜드 'JUNE'을 론칭했다. 휴대폰으로 음악과 영상을 즐길 수 있는 이 서비스는 바쁘게 길을 오가는 젊은 세대들의 코드와 절묘하게 맞닿았다. 새로운 서비스를 성공적으로 론칭하고 익숙하게 이용하게 하려면 그것을 사용하는 사람들이 쉽게 받아들여져야 했다. JUNE 서비스는 바로 이들의 언어로, 문화와 정서로 서비스를 시작하였고 그 결과는 지금의 '모바일 멀티미디어 엔터테인먼트' 문화가 자리 잡는 기반이 될 수 있었다.

하이테크 기업들이 자신들의 제품과 서비스를 알리려고 할 때 가장 많이 범하는 실수가 바로 자신들만의 언어로 이야기한다는 것이다. 제품이 가진 탁월한 기능을 조금이라도 더 자세히 알리려는 욕심에 '기술에 기반한 기능적 콘셉트'만을 내세운다. 그러나 고객의 입장에서는 평소 듣지도 보지도 못한 용어가 난무한 제품과 서비스는 이해하기가 어려울뿐더러, 심지어는 아예 외면을 해버릴 수도 있다.

스타크래프트의 신화를 창조한 블리자드가 후속작으로 내놓은 '월드 오브 워크래프트(WOW)'는 이런 실패의 길을 비켜갔다. 현재 MMORPG(Massive Multiplayer Online Role Playing Game) 부문에서 1위를 달리고 있는 WOW의 성공은 게임의 완성도로만 설명할 수 없다. 블리자드는 WOW를 국내에 출시할 때 그 어떤 외국 게임보다도 한글화에 성공했다. 많은 외국산 게임들이 한글화를 시도하며 사전식의 어색한 번역 정도로 그쳤을 때, WOW는 한글 고유의 표현을 제대로 살려 우리나라의 게임 유저들에게 좋은 평가를 받았다. 그 외에도 우리나라의 고유의 명절이 되면 이와 관련된 콘텐츠를 게임 속에서 보여주며 유저들에게 친근감 있게 다가갔다.

상대방의 언어로 말하는 것만큼 설득과 커뮤니케이션에 성공적인 것은 없다. 아무리 탄탄하고 완벽한 논리라 하더라도 사용하는 언어가 친숙하지 않으면 다른 세상의 말로 들릴 뿐이다. 더불어 상대방의 입장에서 말한다면 좋은 관계를 만들 수 있는 가능성은 더욱 높아진다. 상대방이 어떤 생각을 하는지, 어떤 기분인지 충분히 이해한 상태에서 말하는 것은 일종의 배려라고 할 수 있다. 기업과 고객 간의 마케팅 역시 이와 다르지 않다. 기업의 입장에서, 생산자의 언어로 말하는 것이 아니라 고객의 입장과 언어로 이야기할 수 있는 '눈높이' 마케팅이 되어야 한다.

낯선 이야기도 매우 친근하게 전달하라

이제는 휴대폰으로 전자메일을 확인하거나 메신저를 사용하는 모습이 전혀 낯설지 않다. 불과 몇 년 전만 하더라도 할리우드 SF 영화에서나 볼 수 있었던 상상 속의 미래가 어느덧 현실의 일상이 되어버렸다. DMB 시청이라든가 음악을 듣는 것은 더 이상 놀랄 말한 일이 아니다. 오히려 이를 즐기지 못하는 사람이 시대에 뒤떨어져 보이기까지 한다.

2002년 SK텔레콤이 '모바일 멀티미디어 엔터테인먼트 서비스'를 표방하는 브랜드 'JUNE'을 선보일 때만 하더라도 휴대폰으로 문화를 즐기는 모습은 쉽게 볼 수 없었다. 당시 이동통신 시장은 음성통화만으로는 포화 상태에 이르러 발전 가능성을 기대하기 힘들었다. 따라서 이동통신업체들은 새로운 성장 동력으로 모바일 멀티미디어 서비스를 주목하였고, 앞으로 본격적인 휴대폰 동영상 시대가 도래할 것이라고 예측했다. 이에 따라 향후 주요 수익원으로 주목 받은 멀티미디어 서비스 시장을 차지하기 위한 치열한 마케팅 경쟁이 시작되었다.

JUNE은 이러한 시장 배경에서 등장하였다. 브랜드 콘셉트는 비록 첨단 기술을 적용한 서비스이지만 젊은 세대들에게는 친근한 모바일 서비스라는 것을 고려하였다. 이전에도 SK텔레콤은 새로운 모바일 서비스를 시작할 때 타깃의 정서와 문화를 잘 포착하여 성공했었다. TTL은 티저 광고를 통해 소비자들의 호기심을 증폭시키며 혜성처럼 등장하였다. 그리고 젊은 세대로 시장을 확대하며 새로운 멤버십 문화를 창출하였다. JUNE은 이런 성공을 바탕으로 모바일 인터넷에 기반한 강력한 문화브랜드로 자리 잡겠다는 분명한 목표를 제시하였다. 이와 같이 JUNE 브랜드는 브랜드 콘셉트를 타깃인 젊은 세대에게 전달하기 위해 다양한 고객 접점에서 일관되게 마케팅 커뮤니케이션을 해왔다.

우선 JUNE이라는 브랜드 네이밍 자체가 브랜드 콘셉트를 잘 표현하였다. JUNE, 즉 청년과 유사한 이미지의 싱그럽고 활기찬 6월(June)을 연상시키는 네이밍은 타깃과의 공감대를 형성하고 브랜드의 이미지를 완성시켜주었다. 친근한 이름, 들으면 뭔가 연상이 바로 되는 이름을 짓는다는 것은 처음부터 설정된 네이밍의 기준이었다. 애초부터 오렌지와 같은 과일 이름으로 네이밍을 하자고 했을 정도로 브랜드 네임에 친근함을 담고자 고심하였던 것이다. 최종 브랜드 네임으로 결정된 JUNE은 6월의 이미지와 함께 사람 이름과도 비슷해서 부르기 쉬운 의인화된 브랜드 네임이라는 효과도 있었다.

JUNE은 모바일 멀티미디어 서비스 자체가 아직 일반화되지 않아 생소하다는 것을 감안하여 고객들에게 서비스의 의미를 쉽게 전달하여 거리감을 좁히는데 주안점을 두었다. 그래서 JUNE의 로고 역시 젊은이들 특유의 활동적이고 역동적인 느낌을 주도록 고안하였다. 이런 네임과 로고의 일관성은 광고에서도 일관되게 적용되었다. 타사에서는 모바일 멀티미디어라는 첨단 서비스와 기술이라는 측면을 강조할 때 JUNE은 마치 사람 이름처럼 오인될 수 있는 티저 광고를 내보내며 감성적으로 접근하였다. 한 달 동안 진행된 이 티저 광고는 '준'의 실체에 대해 많은 호기심과 관심을 불러일으켰다. 아무런 언질이나 힌트 없이 그저 "오른쪽으로 고개를 돌렸을 때 준을 만났다"라는 카피와 함께 실제로 모델이 오른쪽으로 고개를 돌리는 행동을 보여줌으로써 사람들은 "도대체 준이 누구냐"는 논쟁을 벌이기도 했다.

막대한 물량의 티저 광고가 집행된 이후 'JUNE'에 대한 마케팅은 한층 본격화되었다. 주력 콘텐츠 역시 젊은 세대에게 친근한 모바일 엔터테인먼트 서비스라는 콘셉트에 부합하도록 구성되었

JUNE의 티저 광고

다. SK텔레콤은 엔터테인먼트 업계 전문가들의 의견을 바탕으로 휴대폰에서 즐길 수 있는 '음악'과 '영상' 콘텐츠를 개발하였다. 다년간의 엔터테인먼트 사업 경험을 가진 전문가들은 젊은 세대의 대중이 원하는 엔터테인먼트 콘텐츠가 무엇인지를 예측할 수 있었다. 그들은 휴대폰을 통해 신인 가수를 홍보하고, 음악 방송과 연계하여 정보를 제공하고, 모바일용 영화를 제작하여야 한다는 등의 매우 구체적인 아이디어와 사업 의견을 내놓았다.

이런 아이디어와 사업 의견은 곧바로 실행에 옮겨졌다. 그동안 아무도 시도하지 않았던 아이템이었지만 젊은 세대들이 원하는, 그들만이 누리고 있는 문화를 고려한다면 충분히 시도할 만 했다. '새로움'이란 낯설기보다 흥미와 관심의 또 다른 표현이다. 젊은 세대는 익숙한 것보다 새로운 것을 맞닥뜨리는 짜릿함과 신선함을 더 선호하는 법이다. JUNE을 통해 SK텔레콤은 음악, 영화, 방송 등의 다양한 멀티미디어 콘텐츠를 선보였고, 고객들은 이에 긍정적으로 반응하였다. 가수 박진영이 기획한 '노을'이라는 그룹은 JUNE을 통해 데뷔하여 기존 공중파 방송 출연이 없이도 인기를 끌기 시작했다. 유명 영화감독 20여명이 제작한 단편 옴니버스 영화 〈이공(異共)〉은 영화관보다 먼저 JUNE을 통해 개봉하여 사람들의 관심을 끌었다. 또 JUNE을 통해 TV 방송 서비스가 제공되자, 1분에 3,000원이라는 비싼 요금에도 서비스 론칭 8개월 만에 가입자 1백만 명을 달성하는 놀라운 기록을 세우기도 하였다.

비록 동영상 서비스 전용폰 보급 등 사용 환경이 미비하여 가입자 수나 매출 면에서 기대했던 것만큼의 높은 성과를 올리지 못하였지만, JUNE은 타깃 소비자와의 심리적 거리를 좁히고 젊은 세대를 위한 모바일 엔터테인먼트 서비스로 자리 잡았다. 이는 당시 사람들에게 낯선 서비스의 이야기를 브랜드 네이밍, 로고, 광고, 그리고 콘텐츠 개발 등 모든 것이 브랜드 콘셉트와 일치하는 방향으로 일관되게 전달했기 때문이다. 특히 젊은 세대의 취향을 고려한 음악, 영화, 방송 등 다양한 멀티미디어 콘텐츠를 통합적으로 활용한 것이 크게 작용하였다. 타깃이 즐기는 문화와 정서, 사용하는 언어를 활용한 JUNE은 청년층을 대상으로 한 모바일 인터넷 문화 이미지를 효과적으로 구축할 수 있었다.

평범한 사람들의 이야기로 나비효과를 일으켜라

'지포(Zippo)' 라이터는 투박한 네모 모양의 디자인과 주기적으로 오일을 공급해야 하는 귀찮음에도 불구하고 많은 애연가들에게 오랜 벗처럼 친근하게 여겨진다. 군용 라이터의 이미지와 세련되지 못한 디자인인데도 아직까지 많은 사람들이 지포를 가지고 싶어 하는 것은 지포만의 스토리가 있기 때문이다.

베트남 전쟁에서 많은 미군들이 지포라이터를 사용하고 있었다. 치열한 전투가 벌어지고 있었을 때 한 미군은 자신의 윗옷 주머니에 총알이 박혀 있는 것을 발견하였다. 몸을 관통한 것이 아니라 주머니에 있던 지포라이터에 총알이 박혀 있었던 것이다. 병사의 생명을 구한 지포라이터는 그 후부터 많은 광고에 인용되었다. 이 밖에도 지포라이터로 불을 켜 바다에서 구조 신호로 사용해서 발견되었다거나, 비행기에서 낙하하는 순간 떨어뜨린 지포라이터가 지상에서 발견되었을 때 모양만 약간 찌그러졌을 뿐 불은 멀쩡히 켜졌다는 등의 에피소드는 그 자체가 지포라이터만의 스토리요, 나아가 브랜드를 완성시켜주는 효과적인 광고가 되어 주었다.

  구구절절한 설명이 없어도 많은 사람들이 공감하며 고개를 끄덕일 수 있는 것은 결국 마음을 움직일 수 있는 스토리 때문이다. 감동이 되었든, 재미가 되었든 사람들의 이목을 끌지 못한다면 아무리 우수한 제품이라 하더라도 시장에서 소리 없이 사라질 뿐이다. 지포 역시 튼튼한 내구성이나 라이터의 성능을 무미건조하게 나열하는 것이 아니라 애연가라면 누구나 고개를 끄덕일만한 이야기로 자신을 알렸다. 이런 평범한 사람들의 이야기는 역시 평범한 자신과 동질감을 느끼기에 충분하다.

  애플은 2002년에 '스위치(Switch)' 캠페인을 전개하면서 평범한 사람들을 광고에 등장시켰다. 이 광고 덕에 보통 사람에서 갑자기 스타가 된 케이스도 있다. 광고는 자신의 컴퓨터를 맥(Mac)으로 바꾸면서 좋았던 점을 실제 경험담으로 들려주는 것이었다. 멀티미디어 작업이 수월해졌다거나 고장이 잘 나지 않는다는 등의 일상의 경험을 이야기하자 많은 사람들이 쉽고 편하게 광고의 메시지를 받아들였다. 그 중에서 엘렌 파이스라는 평범한 여고생의 일화는 아주 대박을 터뜨렸다. 자신이 맥이 아닌 다른 컴퓨터로 숙제를 하고 있는데 갑자기 컴퓨터가 고장이 나 애써 해놓은 숙제가 다 날아가 버렸다며 푸념하는 30초 동안의 광고는 꽤 인기를 끌었다. 게다가 광고 속의 그녀가 멍한 눈빛으로 어눌한 목소리를 들려주었는데 혹시 마약 복용자가 아니냐는 루머와 논란까지 일어날 정도였다. 이후 애플의 홈페이지는 200만 명에 가까운 방문자가 몰려들었다.

많은 기업들이 자신의 제품이 우월하다는 것을 알리기 위해 잘 나가는 톱모델을 섭외하고, 고급 이미지를 연출하는 장소에서 광고를 한다. 동경심을 불러일으켜 '나도 저런 이미지로 보이고 싶다'는 심정으로 구매를 유도하지만 동질감을 가지게 하지는 못한다. 반면 자신처럼 평범한 사람이 나와서 이런저런 경험을 이야기하는 것은 자신의 비슷한 경험을 연상시키게 하여 메시지에 쉽게 동의하게 하는 효과가 있다. 이처럼 평범한 사람의 보통 이야기는 묘하게 동질감을 불러일으킨다. 앞서 언급했던 SK텔레콤의 '현대생활백서' 역시 내 주위의 사람, 혹은 나 자신이 한 번쯤 겪어봤음 직한 이야기라서 많은 호응을 얻을 수 있었다. 이렇듯 평범함은 고객으로 하여금 동질감을 불러일으켜 브랜드의 초기 정착을 도와줄 뿐만 아니라 이후에도 지속적으로 브랜드 파워를 강화시켜준다.

Marketing Clue

마케팅 커뮤니케이션 완성도를 높여라

브랜드를 알리기 위한 스토리텔링 역시 이야기 구조가 튼튼해야 한다. 재미만 좇을 수는 없다. 그렇다고 무미건조한 스토리는 공감을 가질 수가 없어 안 하느니만 못하다. 지루한 설명은 지루한 인식을 낳을 수도 있기 때문이다. 스토리텔링은 무엇보다 고객의 감성이나 호기심을 자극해야 한다.

- 탄생 스토리를 보여줘라

사람들은 평범한 사람들의 이야기를 좋아하지만 이야기의 주인공이 겪었던 에피소드에서 '인간미'가 물씬 풍기는 것을 더 좋아한다. 그래서 평범하지 않다고 할 수 있는 창업자의 스토리나 제품의 개발 단계에서 나온 이야기가 공감을 불러일으킬 수도 있다.

스티브 잡스나 빌 게이츠, 앤드루 카네기 등의 창업자들도 그들이 성공신화를 써 내려갔던 여정을 이야기 형식으로 보여주자 사람들의 공감대는 더욱 깊어졌다. 그들의 이야기는 기업의 가치와 문화를 쉽게 알려주고, 브랜드의 이미지 또한 완성도를 높여줄 수 있었다.

- 기능적 콘셉트 또한 간결하고 명확하게 보여줘라

무조건 감성적인 스토리를 이야기하는 것이 능사는 아니다. 하이테크 분야에서는 오히려 감성보다 쉽고 간결한 핵심 메시지를 전달하는 것이 더 효과적이다. 예를 들어 자동차를 이야기할 때 얼마나 안전한지, 연비나 유지비의 절감이 어떤지를 명확하게 전달하는 것이 낫다.

- 쌍방향 커뮤니케이션으로 이야기를 이어가라

웹의 시대를 맞이하여 마케팅 역시 쌍방향을 추구하려는 경향이 갈수록 늘어나고 있다. 그 중에서 스토리텔링을 기업의 입장에서 완결지으려 하지 말고 소비자들이 직접 스토리텔링에 참여할 수 있도록 하여 광고를 전개하는 방법이 있다. 사람들이 평소에 겪는 일화를 바탕으로 먼저 장면을 제시하고, 이후의 전개 방향에 대하여 인터넷으로 의견을 접수해 가장 많은 공감을 얻은 내용으로 후속편을 만든다. 이 과정에서 소비자들은 이야기의 전개에 궁금증을 가지게 되고 지속적인 관심을 보이게 된다.

● 브랜드의 상징을 뚜렷이 하라

브랜드는 그것을 구매한 고객의 가치와 이미지에 부합하는 경우가 많다. SUV보다 중후한 중형차를 선호하는 사람은 자신의 이미지를 고품격, 세련됨 등의 가치와 일치시키려는 경향이 높다. 그렇다면 중형차를 이야기할 때 가볍고 발랄한 콘셉트는 역효과를 가져올 수 있다. 타깃 집단의 사람들이 어떤 가치를 추구하고 그들의 내재된 욕구가 무엇인지 파악하여 이에 맞는 상징적인 콘셉트를 다루어야 일체감을 강화시킬 수 있다. 이와 반대로 디지털 관련 제품은 중후한 이미지보다 새로운 감각, 첨단 이미지 등이 뚜렷하게 나타날 수 있는 스토리라면 더욱 어필할 수 있다.

긍정적이고 즐거운 경험만 제공하라

 Marketing Story

"오늘은 뭘 하며 시간을 보내지?"

20대 직장여성인 A 씨는 퇴근 후 대학동창을 만나기 위해 한 카페에 들렀다. 약속 시간보다 일찍 도착한 A 씨는 기다리는 동안 넷북을 꺼내 인터넷에 접속했다. 이메일 확인과 간단한 웹서핑을 하고 있는 동안 친구가 도착했다.

"근데 말이야. 휴대폰 통신사를 바꿀까 하는데 어디로 하지?"

친구는 지금 사용하는 통신사가 마음에 들지 않아 번호이동을 생각한다며 A 씨에게 조언을 부탁했다.

"그래? 그럼 SK로 옮겨."

"괜찮을까? 무턱대고 결정하기엔 좀 그렇고 말이야."

"그럼 한번 둘러보는 게 어때?"

"지금? 여기까지 오는 것도 피곤했는데 또 어딜 가자는 거야?"

친구가 피곤한 기색을 하며 움직이는 것에 대해 투덜거리자 A 씨는 씽긋 웃으며 넷북을 내밀었다. 그리고는 'T World'에 접속한 후, 서비스 관련 메뉴를 클릭했다. 웹 사이트는 궁금한 정보를 찾아보기 쉽고 깔끔하게 정리되어 있었다.

"이 정도면 굳이 밖에서 안 돌아다녀도 되겠네."

친구는 만족스런 표정으로 사이트의 여기저기를 클릭하며 자신에게 맞는 요금제와 부가 서비스를 꼼꼼하게 따져보기 시작했다.

이제 마케팅에서는 '백문불여일견(百聞不如一見)'이란 말보다 '백견불여일행(百見不如一行)'이란 말을 대신 쓴다. 백 번 듣는 것보다 한 번 보는 것이 낫다는 말이 이제는 백 번 보는 것보다 자신이 직접 한 번 해보는 것이 낫다는 말로 바뀐 것이다. 친절한 설명과 시연도 좋지만 그보다는 내가 직접 해보고 판단하는 것이 더 좋다는 게 요즘 구매 추세이다. 그러다 보니 '백견불여일행'이란 말을 그 누구보다 효과적으로 실천해야 하는 사람은 이런 고객의 구매 패턴을 읽어야 할 마케터가 되었다.

사람들이 원하는 제품을 직접 경험한 뒤에 구매하는 추세가 확산되자 기업들은 저마다 고객들이 자사의 제품을 사용해볼 수 있도록 공간을 마련하는 것에 투자를 아끼지 않는다. 비록 당장 구매를 하지 않더라도 요리조리 살펴보고, 만져보고, 사용하는 체험 공간을 마련하여 고객들의 발길을 이끌려고 많은 노력을 기울이고 있다. 아무래도 고객 자신이 직접 만져보고 잠시라도 사용해본다면 그만큼 제품에 대한 구매 욕구가 상승하리라는 것을 감지하였기 때문이다.

체험을 활용한 마케팅은 단순히 공간 마련에서 그치지 않는다. 체험이라는 것이 단순히 제품을 만져보는 것에만 국한되는 것이 아니다 보니 제품을 어떤 경로로 알게 되었는지, 또 구매의 과정이 어땠는지, 그리고 구입 이후의 사용 과정이 어땠는지 등을 세밀하게 관찰한다. 이렇게 관찰한 데이터는 아직까지 구매하지 못한 고객들에게 보다 나은 사용 경험을 제공할 수 있는 훌륭한 밑거름이 된다.

언제 어디서나 느낄 수 있도록 하라

요즘 기업들은 모두 인터넷 홈페이지를 가지고 있다. 기업 홈페이지에는 당연히 자사의 제품이나 서비스 관련 정보가 올라 있다. 그런데 이 정보를 찾는 것이 어려운 경우가 종종 있다. 산만하게 되어 있는 메뉴 때문에 일일이 클릭해서 살펴보는 수고로움이 만만치 않다. 게다가 자신이 원하는 최종 정보를 얻기 위해서 몇 단계의 페이지를 넘어가야 겨우 얻을 수 있는 홈페이지들도 의외로 많다. 이럴 땐 차라리 기업 홈페이지가 아니라 검색 사이트에 들어가서 키워드 검색을 하거나 또는 직접 묻고 답하는 게시판에 질문을 올려놓고 기다리는 것이 더 낫다는 생각이 든다. 그래도 안 되면 직접 관련 매장에 찾아가거나 전화를 할 수밖에 없다. 그런데 이런 수고를 하느니 다른 회사 제품으로 눈

SKT T World 홈페이지

을 돌려버리는 고객들이 더 많다. 체험은커녕 잔뜩 불쾌한 감정만 가지고 떠나 버린다.

사람들의 일상에서, 특히 젊은 세대들의 생활에서 인터넷은 또 하나의 생활공간이다. 하루 일과 중에서 많은 시간을 온라인에서 머물고 있다. 따라서 SK텔레콤은 온라인 공간을 단지 구색 맞추기로 생각하지 않았다. 고객이 원하는 정보를 온라인에서 쉽게 찾을 수 있도록 리뉴얼을 하고 'T World'란 이름으로 새롭게 문을 열었다. T World에 처음 접속하면 가장 눈에 띄는 것은 바로 이동통신 고객들이 가장 궁금해 하는 메뉴 위주로 배치된 메인 페이지의 구성이다. 고객들이 굳이 매장을 방문하지 않더라도 요금 관련 문제나 부가 서비스의 신청과 해지 등을 아무 때나 직접 처리할 수 있다.

사용자 위주의 UI(User Interface)는 단지 깔끔하게 홈페이지를 만드는 것에 머무는 것이 아니라, 고객 스스로 직접 정보의 탐색과 문제 해결을 쉽게 할 수 있도록 설계가 되어야 한다. T World에 방문하여 로그인을 하면 가장 먼저 고객의 단말기 정보를 보여준다. 그리고 고객 개개인에게 적합한 광고나 판촉 메시지를 볼 수 있다. 개인화된 정보 제공이 가능한 온라인의 특성을 적극 활용한 것이다. 개인화된 정보와 이와 관련한 각종 메시지 전달은 마케터의 예감만으로 설정되지 않는다. 평소에 오프라인 매장이나 전화 상담을 통해 고객들이 많이 궁금해 하는 것과 문제해결을 바라는 것들을 면밀히 분석한 결과이다.

세밀한 데이터 분석과 더불어 T World는 고객의 방문과 문제해결 과정에 대해서도 많은 공을 들였다. 고객들이 오프라인 매장을 방문했을 때 일 처리 과정을 온라인에서도 간단하게 이루어질 수 있도록 메뉴 배치나 웹디자인을 하였다. 또한 온라인에서 100% 문제해결이 가능하도록 시스템을 구축하는 작업에도 큰 노력을 기울였다.

정보 제공에서도 개인화와 차별화된 서비스를 제공하였다. 고객이 찾기도 전에 자신의 단말기에 사용 가능한 최신 콘텐츠 정보를 보여주고, 여기서 한 걸음 더 나아가 콘텐츠에 대한 고객사용 패턴 분석을 통해 고객이 선호할 만한 콘텐츠를 추천해 주는 서비스까지 제공해 주고 있다. 이처럼 T World는 고객의 경험을 중요하게 생각하여 세밀한 부분까지 만족시키기 위해 노력을 기울이고 있다.

마케터의 가장 큰 과제 중의 하나가 바로 고객과의 접점을 최대한 많이 가지는 것이다. 이제 온라인은 그 어떤 매장이나 오프라인 공간 못지않은 고객 접점으로 자리 잡았다. 언제 어디서나 접속하여 자신이 원하는 정보를 얻고 여가를 보낼 수 있는 온라인은 마케터에겐 실시간으로 고객을 접하는 현장인 셈이다. 그렇다면 당연히 이곳에서부터 다양한 경험을 제공해주고 고객의 만족감을 높일 수 있어야 한다. 그러기 위해서는 지금까지의 고객이 경험했던 모든 과정을 예의주시하며 온라인만의 가장 큰 장점인 개인화 서비스에 접목할 줄 알아야 한다.

늘 차별화된 경험을 제공하라

IT 인프라가 전 세계 그 어떤 나라와 비교해도 모자람이 없는 우리나라는 이제 온라인에서 쇼핑과 금융거래를 하는 것이 지극히 당연한 모습이 되었다. 하지만 온라인에서의 경험은 아직까지 극복할 수 없는 한계가 분명히 존재한다. 예컨대 아무리 단말기 정보를 제공한다 하더라도 직접 보고 만지는 체험은 온라인에서는 할 수 없고 오프라인 매장에서나 가능하다. 한 번쯤 온라인 쇼핑몰에서 그저 눈으로만 보고 옷이나 신발을 구매했다가 정작 물건을 배달받아 보니 색상이나 사이즈가 틀려서 난감했던 경험이 있는 사람이라면 더욱 온라인만의 시각적 경험만으로는 판단을 주저할 수밖에 없다. 이에 SK텔레콤은 오프라인 매장에도 T World 홈페이지의 개념을 가미해 체험형 매장으로 리뉴얼 하였다. 온라인과 오프라인을 연계하여 고객 경험을 최대한 긍정적으로 만들기 위한 노력이었다.

이와 같이 온라인과 오프라인을 연계하여 고객에게 더욱 풍부한 경험을 제공하는 마케팅 사례는 애플스토어에서도 찾아볼 수 있다. 애플스토어는 단순히 제품을 진열해놓고 전시하는 매장이 아니다. 일본 도쿄의 번화가인 긴자 중심에 위치한 애플스토어는 오픈 당일 고객들이 몇 시간 이상 줄을 서서 입장했을 정도로 시작부터 많은 관심을 모았다. 그 규모가 거의 세계 최고 수준이다 보니 우리나라의 젊은 여행객들도 일본 도쿄를 여행할 때 빼놓지 않고 들리는 필수 코스가 되었다.

애플스토어는 애플에서 만드는 아이팟, 맥북 등의 제품을 전시해 놓은 쇼룸 형태로 애플 제품을 직접 사용해볼 수 있는 곳이다. 이곳은 실제 구매를 하지 않더라도 누구든지 애플스토어를 방문하여 제품을 직접 체험해볼 수 있다. 이러한 체험을 통해 '갖고 싶다'는 욕망을 가지게 만드는 애플스토어는 디지털 업계의 라이

벌인 마이크로소프트와 차별화되는 애플만의 강점이 되고 있다. 물론 마이크로소프트는 애플처럼 컴퓨터나 MP3와 같은 하드웨어 제품을 만들지 않기 때문에 직접적인 비교가 불가능한 점도 있다. 하지만 체험 마케팅을 통해 애플스토어는 애플의 인기를 부활시키는 데 큰 역할을 담당했다는 것은 분명한 사실이다.

쇼룸은 이제 더 이상 회사의 제품만을 전시해 놓는 장소가 아니다. 단순히 '제품 전시'가 아닌 고객들이 제품을 구매하기 전에 '제품 체험'을 해 보는 공간으로 점점 발전하였다. 특히 전자제품과 같은 고가의 제품들은 고객들이 단순히 TV나 지면을 통해 접하는 광고만으로 구매를 결정하기엔 부담이 만만치 않아 혼자서 판단하기가 어렵다. 하지만 고객들은 실제로 직접 작동을 하면서 체험을 하게 되면 해당 제품이 얼마나 사용하기에 편리한지, 그리고 그 편리함과 기능에 대해 그만한 가격을 지불하는 것이 합당한지에 대해 스스로 판단을 할 수가 있다.

쇼룸의 활용은 기업에게도 많은 이점을 주었다. 매출이 증대하고 브랜드 인지도를 더 높일 수 있었을 뿐만 아니라 고객의 행동을 직접 관찰할 수도 있게 되었다. 고객들이 실제로 제품을 사용하는 모습을 보면서 고객이 제품을 사용할 때 겪는 어려움이나 미처 생각하지 못한 고객의 요구 등을 파악할 수 있는 효과가 있다. 애플스토어는 그저 지나가는 길에 시간을 때우기 위해 들리든 아니면 아이팟 제품의 어느 모델이 가장 나은지 직접 비교해보고 구매하려는 목적으로 오든 늘 문이 열려 있다. 짧은 시간 동안이지만 직접 애플 제품을 사용해보는 경험은 고객으로 하여금 구매 욕구를 넘어 실제 구매까지 이어질 확률을 훨씬 더 높여준다. 제품을 사기 전에 직접 사용해 볼 수 있는 '차별화된 경험'을 제공하면서 애플이 얻은 이익은 화폐 규모로 환산하려야 할 수 없을 만큼 엄청난 셈이다.

애플스토어와 같은 쇼룸은 다른 기업에서도 빠른 속도로 확산되고 있다. 전자제품이나 화장품, 심지어 녹차의 경우도 쇼룸을 오픈하여 제품 체험과 더불어 문화적 감상까지 즐길 수 있는 공간으로 거듭나고 있다.

단순히 제품을 보여주고 설명만을 해주던 마케팅의 시대는 끝났다. 마케팅은 시연을 통해 고객이 사용 시범을 볼 수 있게, 더 나아가 직접적인 체험을 할 수 있게 진화하여 고객에게 '차별화된 경험'을 제공한다는 원칙을 두고 있어야 한다. 또 제품을 직접 만져보는 순간만의 체험이 아니라 제품을 알게 되고 구매를 결정한 후 사용하는 과정 전체를 경험으로 인식하여 마케팅 커뮤니케이션을 해 나가야 한다.

고객관계관리와 고객경험마케팅을 차용하라

　스타벅스는 커피를 하나의 문화 상품으로 소비하는 고객들을 자신의 타깃으로 정의하고 이들에게 어필하기 위해 노력하였다. 그런데 스타벅스는 고객을 분석하면서 '데이터'로만 파악하지 않았다. 커피의 판매량과 매출액 뒤에 숨어 있는 고객의 감성을 주목한 것이다. 애플은 침체기에 있던 애플의 이미지를 벗고, '기술이 부족하다'는 선입견을 타파하기 위해 고객이 직접 제품을 사용해 볼 수 있는 편한 공간을 제공하여 고객들로 하여금 직접 사용 후 긍정적인 평가를 내리도록 함과 동시에 자신들의 제품을 구매하게끔 한 것이다.

　마케팅에 있어 데이터는 일종의 자기 확신을 가지게 하는 주문이라고 할 수 있다. 그래서 고객과 관련한 데이터베이스 마케팅은 미리 고객의 행동 데이터를 유형별로 나눠 마케팅을 하였다. 여기에서 더 발전한 것이 고객관계관리, 즉 CRM(Customer Relationship Management)이다. CRM은 단순히 구매 관련 데이터뿐만 아니라 다양한 고객과의 접점에서 발생되는 세분화된 정보를 바탕으로 고객을 유치한다는 마케팅이었다.

　IT 기술의 발달로 세분화된 수치를 얻어낼 수 있었기 때문에 가능했던 CRM은 안타깝게도 가장 큰 것을 놓쳤다. 인간은 데이터대로 움직이는 것이 아니기 때문에 세분화된 수치만으로 고객의 행동을 규정지을 수 없다는 사실이 바로 그것이다. 이는 나무만 보고 숲은 보지 못한 격이다. 야구에서도 데이터 관리 야구라는 용어가 있다. 데이터를 입력한 대로 시합을 했다면 분명 백전백승이어야 한다. 그러나 항상 승리를 하는 것은 아니지 않는가.

고객은 논리적인 이유가 아닌 감성적인 이유 때문에 구매를 결정하는 경우가 많다. 평소 브랜드에 대한 호감이나 매장에서 겪은 직원의 친절, 친구의 권유 등 수많은 변수가 있다. 이런 것들은 단순 수치만으로 설명하기도 어려울뿐더러 수치를 통한 감동이란 기대하기 힘들다.

《하버드 비즈니스 리뷰》에 따르면, 고객 경험이란 '제품의 구매 및 사용과 관련하여 고객이 기업과의 모든 접점에서 갖게 되는 접촉 및 상호작용'이라고 한다. 한마디로 고객이 제품을 구매하기 위해 자신의 머릿속에 떠올리는 제품들이 무엇인지, 어떤 기준으로 제품을 평가하고 최종 선택을 하는지, 그리고 선택 후 제품을 사용하는 동안 어떠한 경험을 하게 되는지 과정 하나하나를 모두 포괄하는 개념이다.

고객경험마케팅은 기존 고객이건 잠재 고객이건 간에 자사 제품을 머릿속에 떠올리고 구매와 사용, 심지어 폐기하는 순간까지 어떤 경험을 하는지 파악하고 관리한다. 이를 통해 기존 고객에게 보다 나은 제품의 구매, 혹은 사용 경험 제공을 하도록 노력하고 이런 경험을 한 고객이 다시 해당 브랜드를 찾도록 유도한다. 반면 잠재고객에게는 어떤 경험 단계에서 접촉할 수 있는지 파악하여 고객에게 긍정적인 인식을 주고 실제 구매를 시도하도록 유도하는 것을 목표로 삼는다. 다시 말해, 단순히 고객의 최종 평가인 만족도만 고려하는 것이 아니라, 제품을 접하는 매 순간마다 더 나은, 그리고 새로운 경험을 제공하여 고객의 인식 자체를 긍정적으로 만들고자 하는 것이 목적이다.

Part 4

고객관계
영원한 동반자로
끌어들여라

고객은 변덕쟁이가 아니다!
개성이 강할 뿐이다

 Marketing Story

직장인 B씨는 오랜만에 찾아온 친구를 만나기 위해 약속장소로 나갔다. 친구와 반갑게 인사를 나눈 후 B씨는 친구에게 식사를 대접하기 위해 자리에서 일어났다.

"잠깐만, 이 근처에 맛집이 뭐가 있는지 알아보고 가자."

B씨는 휴대폰을 꺼내 무선인터넷 NATE로 접속했다. 그리고 근처의 '맛집'을 검색해 그곳으로 향했다. 맛있게 식사를 마친 B씨는 친구와 이런저런 이야기를 나누다 보니 어느덧 헤어져야 할 시간이 되었다.

"너 주말에 뭐해?"

오랜만에 만난 친구와 헤어지는 것이 아쉬운 B씨는 친구에게 주말에 별다른 약속이 없으면 영화나 같이 보러 가자고 했고, 친구도 흔쾌히 그러자고 했다.

"어디 보자. 야, 일요일 오후 2시 어때? 이 영화 보고 싶었는데 지금

예매할까?"

"지금?"

B씨는 씩 웃으며 휴대폰에서 NATE로 접속하여 'Cizzle'로 영화 예매를 했다. 그러자 친구는 휴대폰으로 검색에 영화 예매까지 다 하는 게 가능하냐고 물었다.

"당연하지. 참, 동아리 C 선배 있지? 얼마 전에 나한테 싸이로 안부랑 연락처 남겼던데 기억이 안 나네."

B씨는 휴대폰으로 싸이월드 미니홈피로 들어가 방명록을 확인했다. 친구가 옆에서 휴대폰으로 웬만한 일은 다하겠다고 부러워하자 NATE 하나로 쇼핑에서 검색, 메신저까지 다 하니 너무 편하다며 웃는다.

"요즘엔 네이트에서 미리 알아서 서비스를 확대하더라구. 예전에 없어서 아쉬웠던 것들을 하나씩 알아서 해주니까 편해."

'한 번 단골은 영원한 단골'이란 말이 이제는 더 이상 통하지 않는다. 조금만 고개를 돌리면 지금까지 관계를 맺었던 제품과 서비스에 못지않은 것들이 도처에 널려 있으니 굳이 한 곳만을 고집할 이유가 없는 것이다. 또 지금까지는 별다른 불만이 없었다지만 슬슬 싫증이 난다며 새로운 것을 요구한다. 이런 요구를 만족시켜주지 못하면 고객은 언제든 떠나버린다.

많은 회사들이 이런 고객들의 이탈을 막기 위해 로열티 프로그램을 운영하며 붙잡으려고 하지만 그것도 쉽지만 않다. 열 길 물

속은 알아도 한 길 사람 속은 모른다는 말처럼 언제 어떻게 변심할지 모르는 게 고객의 마음이다. 그러나 고객의 변심을 단순한 변덕스러움으로 설명할 수는 없다. 사실 변심이란 새로운 것에 대한 갈망이다. 새로운 것을 찾아 떠나는 것은 어찌 보면 삶의 원동력이자 문명 발달의 기폭제 역할을 했다. 새로운 대륙에 대한 열망으로 콜럼버스는 신대륙을 찾아 망망대해를 헤매었고, 새로운 지식 보급의 기반 마련을 위해 구텐베르크는 활판 인쇄기를 발명하였다. 이 밖에도 우리가 현재 누리고 있는 모든 문명의 이기인 컴퓨터, 휴대폰, 자동차 등은 모두 새로운 것을 열망하는 인류의 본성 덕분에 발명된 것들이다.

새로운 것을 찾아 떠나는 인류의 본성에 따라 고객들은 수시로 떠나버린다. 그럼 신규 고객을 많이 유치하면 되지 않느냐 하고 반문할 수 있겠지만, 신규 고객을 끌어들이는 것은 비용이나 노력 면에서 많은 것을 쏟아 부어야 한다. 그보다 단골고객을 유지하는 것이 더 경제적이고 효율적이다. 하지만 단골고객을 유지한다는 것도 그리 만만한 일은 아니다. 늘 새로운 것을 갈망하는 것은 인간의 당연한 욕구인데, 단골고객이라는 이유만으로 이러한 욕구를 억누르고 나를 지속적으로 찾을 것이라 기대해서는 안 된다. 오히려 더 정성을 보이며 단골고객을 붙잡으려는 노력을 해야 한다. 단골고객의 마음을 붙잡아둘 수 있을 정도의 노력이라면 새로운 고객을 불러들일 수 있는 가능성도 훨씬 높아진다.

다양하게 만족시켜주는 것이 진정한 배려다

기술의 발달은 갈수록 속도전의 양상을 띠고 있다. 하루가 다르게, 상상하는 것 이상을 실현시키며 현실의 모습을 바꾸고 있다. IT 기술의 발달은 이런 과정을 확연하게 보여준다. 특히 컨버전스 기술의 발달은 고객의 가치를 충족시키려고 할 때, 말 그대로 '때와 장소를 가리지 않는' 토탈 서비스가 가능케 하였다.

NATE는 SK텔레콤의 유무선 인터넷 비즈니스의 강점을 결합하여 언제 어디서나 이용할 수 있는 무선 포털이라고 할 수 있다. 휴대폰, 노트북, 데스크탑, PDA 등 다양한 단말기 사이의 연동을 통해서 각각의 차별화된 맞춤형 서비스를 제공한다. 하지만 컴퓨터로 접속하는 유선 서비스의 경우에는 이용의 편리성이나 비용에서 별다른 문제가 없으나 휴대폰을 통해 접속하는 경우에는 해당 기기의 특성 때문에 일부 제약을 받았다.

초기 NATE 서비스 당시에는 콘텐츠가 주로 엔터테인먼트 관련이었다. 엔터테인먼트 콘텐츠는 남녀노소 모두 즐길 수 있는 분야였지만 다른 종류의 서비스를 원하는 고객을 붙잡아 두기에는 한계가 있을 수밖에 없었다. 이에 SK텔레콤은 콘텐츠 영역을 확장하는 프로젝트에 착수하였다. NATE 서비스를 기반으로 엔터테인먼트 서비스를 보다 발전된 형태로 제공할 수 있는 JUNE을 비롯하여, 모바일 커머스를 추구하는 MONETA, 영화 예매를 할 수 있는 Cizzle, 싸이월드의 모바일 서비스, 네이트온 메신저와 연계하여 사용하는 모바일 메신저 서비스 등 콘텐츠의 영역을 끊임없이 넓혔다. 콘텐츠 영역의 확대는 고객들의 다양한 서비스 이용 욕구를 충족시키려는 노력의 결과였다.

유무선 연계 또는 통합 콘텐츠를 제공함으로써 그 영역을 대규모로 확장한 NATE는 고객의 니즈에 부응하는 다양한 유무선 콘텐츠를 제공하기 위해 유무선 통합 메타데이터를 2003년에 개발하였다. 이 데이터에는 엄청나게 많은 유무선 콘텐츠를 담을 수 있는 분류 체계와 식별 체계가 고객 니즈 기반으로 구성돼 있다.

엔터테인먼트를 비롯하여 검색, 메신저, 전자상거래까지 고객이 언제 어디서나 유무선 인터넷의 영역에서 누릴 수 있는 것들을 제공한 것은 어찌 보면 '전문성'과는 대립된다. 그러나 포털이 지향하는 바가 바로 다양한 콘텐츠로의 이동을 원활하게 해주는 '관문' 역할임을 생각한다면 NATE의 이러한 서비스를 굳이 전문성과 다양성의 대립이라는 시각으로 판단할 필요가 없다. NATE가 바라본 것은 바로 고객의 가치 충족이었던 것이다. 무선인터넷의 사용 시간이 짧다는 것, 그리고 유선 인터넷을 이용하더라도 여러 곳에 들러 각각 원하는 콘텐츠를 얻는 것보다 가급적 통합된 장소에서 고르려는 고객의 욕구를 충족시켜주는 것이 우선이라고 생각했다.

고객이 유무선과 장르를 불문하고 다양한 콘텐츠를 원하는 것을 '변덕'이라 생각하며 푸념하는 것은 고객에 대한 이해도가 낮다는 것을 스스로 고백하는 것과 다름없다. 영화를 보고 싶다가 음악을 즐기고 싶고, 게임을 즐기다가 갑자기 잊고 있었던 리포트 작성 때문에 검색을 할 수도 있다. 그런데 그때마다 일일이 다른 서비스 매체를 이용하면서 시간과 비용을 낭비하고픈 마음은 별로 없다. 한곳에서 모든 것을 연결할 수 있고 볼 수 있다면 고객들은 당연히 몰려든다. 애초에 웹사이트가 포털 중심으로 전개된 것도 같은 이유였다. 핵심은 산만한 장터에서 목적지를 찾으러 뱅뱅 돌아다니게 하는 것이 아니라, 일목요연하게 콘텐츠의 네비게이션과 정확한 정보를 제공할 수 있느냐이다.

한 장수가 절을 찾아 차를 한 잔 달라고 했다. 그러자 스님이 처음엔 커다란 잔에 미지근한 차를, 두 번째는 그보다 작은 잔에 약간 뜨거운 차를, 그리고 마지막 세 번째는 아주 작은 잔에 뜨거운 차를 대접했다. 장수가 이유를 묻자 이렇게 답했다고 한다.

"첫 번째 차는 목이 마른 듯싶어 빨리 마시라고 적당한 온도에 많은 물을 담았습니다. 두 번째는 목마름은 가셨을 테니 차를 음미하시라는 의미였습니다. 세 번째는 이미 두 잔을 마셨으니 목은 축였을 테니 온전히 차의 향을 맡으시라는 것입니다."

스님은 차를 대접하는 것 하나만으로도 목마름과 차의 향까지 다양하게 상대방을 만족시켜주었다. 기업 또한 콘텐츠를 제공하더라도 고객이 원하는 다양성과 만족감을 채워줘야 한다. 고객에 대한 배려는 서비스의 본질을 충족시켜주는 것은 물론이고, 고객이 무엇을 원하는지 미리 알고 모자람 없이 채워주는 것이다.

고객을 데이터로만 판단하지 마라

과거에는 기업이 제품을 만들어 팔 때 다양성보다 대량생산과 판매를 염두에 두었다. 그러기 위해서는 각양각색의 제품을 만드는 것보다 가급적 적은 종(種)의 제품을 만들었다. 그리고 고객들 역시 라이프스타일과 구매 패턴이 그다지 다양하지 않았다. 또 남들과 다른 요구를 한다는 것 자체가 '튀는' 행동으로 보였고, 튀는 행동은 곧 사회에 제대로 적응하지 못하는 아웃사이더로 취급받기도 했다. 당연히 기업의 입장에서도 대세에 별다른 영향을 주지 못하는 고객들은 고려의 대상이 아니었다.

그러나 이제는 시장에서의 주도권이 고객으로 넘어가고, 고객의 구매 기준조차 더 이상 획일적이지 않다. "누가 뭐래도 난 나야!"라고 당당히 외칠 수 있을 만큼 획일성은 오히려 시대에 뒤떨어지는 사람들의 고루한 사고에 불과해졌다.

사람들의 숫자만큼이나 다양한 구매 기준은 바로 개성을 고스란히 드러내고 있는 것이라 볼 수 있다. 라이프스타일, 지역, 성별, 나이, 심지어 성격까지 고려할 정도로 시장은 잘게 쪼개져 있다. P&G는 세제를 만들면서 10여 가지의 다른 상표를 생산하고 있다. 비누는 7가지, 샴푸 6가지 등 단일 제품의 상표는 여러 가지이다. 또한 똑같은 상표라 하더라도 포장의 종류도 서너 가지이기 일쑤이고, 세제의 형태도 가루, 액체, 향기의 유무 등으로 또 한 번 세밀하게 여러 종류로 나누어진다. 이쯤 되면 지나치다 싶을 정도로 상품을 세분화하고 있다는 것을 알 수 있다. 그러나 P&G는 다양한 고객들의 욕구를 무시하지 않는다는 원칙에서부터 출발한다. 세제라 하여 단순히 '닦는' 기능에만 충실한 것이 아니라, '어떻게' 닦는지 중요하게 여기는 고객들의 세밀한 욕구를 반영한 제품을 만들어냈다. 예컨대 향이 강한 세제를 원하는 고객이 있는 반면, 강한 향에 대한 거부감을 가지고 있는 고객도 분명히 있다. 이 모든 것을 고려한 P&G의 세분화는 세제 시장의 50% 이상 점유율이란 성과로 나타난다.

데이터로만 고객을 분류하면 메이저와 마이너로 분류되어 '선택과 집중'이란 논리로 쉽게 마이너를 포기할 수 있다. 그러나 마케팅을 하는 사람이라면 수치 이면의 '정서'와 '감성', 그리고 '트렌드'를 읽을 줄 알아야 한다. 그리고 중요한 것은 '고객이 원하는 가치' 충족이라는 원칙은 변함이 없다. 유행이 바뀌고 고객의 데이터가 변한다 하더라도 가치 충족이란 본질은 바뀌지 않는 법이다.

수프 시장의 강자인 캠벨(Campbell)은 그저 단순하고 값싼 수프만을 만들었다. 시장의 대부분을 차지할 정도로 지배적인 위치에 있었던 캠벨은 나름대로의 고민이 있었다. 그것은 저가 제품 위주의 판매 때문에 수익성이 높지 않고 수프 자체에 대한 고객

만족도가 갈수록 떨어진다는 것이었다. 캠벨은 오랫동안 유지해 온 제품 전략을 수정해야 했다. 그리고 신제품을 만들기 위한 캠벨의 시선은 새로운 수프 개발 기술이 아니라 고객으로 향해졌다.

캠벨은 고객들의 라이프스타일이 변화한 것에 주목하였다. 과거의 전통적인 식사 습관은 이제 거의 존재하지 않았고, 정해진 저녁 시간에 온 가족이 모여 도란도란 식사를 나누는 가정은 보기가 힘들었다. 이처럼 변화한 라이프스타일에 맞춘 제품은 무려 300개가 넘었다. 잘게 쪼갤 대로 쪼갠 고객 분류에 각각 맞는 제품을 내놓은 캠벨은 큰 성공을 거둘 수가 있었다.

고객이나 시장의 세분화는 문어발식 제품 라인 확장과는 다르다. 꾸준히 고객들과 마케팅 커뮤니케이션을 한 결과 발견한 새로운 블루오션이다. 이러한 세분화는 앞으로도 더욱 강화될 것이다. 획일성이 일종의 죄악으로 취급될 정도로 다양한 사회와 문화를 염두한다면 말이다.

Marketing Clue

고객의 다양성 추구 행동(Variety Seeking)에 집중하라

단골고객을 유지하는 것은 당연히 고객의 이탈을 막는 것부터 시작한다. 그러나 이것은 언제 어디로 튈지 모르는 고객의 행동, 즉 '다양성 추구 행동' 때문에 마냥 쉬운 것만은 아니다. 다양성 추구 행동은 '특정 상표의 구매가 다음 구매 상황에서 해당 상표의 구매 확률을 감소시키게 되는 경우'라고 한다. 쉽게 말해서 고객은 기존에 구매한 제품에 만족하건 불만족하건 간에 이미 구입하여 사용해 본 제품을 다시 구매하기보다 새로운 제품을 구입하기를 원한다는 것이다.

맥알리스터를 비롯한 많은 학자들의 의견에 따르면, 다양성을 추구하는 것은 기업의 입장에서는 답답한 노릇이겠지만 고객으로서는 새롭고, 변화되며, 복잡한 것을 추구하려는 동기를 가지고 있기 때문이라고 한다. 또한 고객이 기존에 구입하여 사용하는 제품의 한계가치(Marginal Value)가 점차 감소하기 때문에 고객들은 다양하고 새로운 제품을 구매함으로써 한계가치 감소 현상을 극복한다는 주장도 있다.

그렇다면 새로운 것만을 찾는 인간의 본성을 고객의 변덕으로만 해석해야 할까? 그렇다면 그 변덕을 맞추기 위해 항상 신제품을 만들어야 할까?

물론 발 빠르게 신제품을 만들어 출시할 수도 있지만 사실상 그것에도 한계가 있다. 오히려 기존의 제품이 아직도 고객의 욕구에 충족시켜줄 수 있다면 살짝 옷을 갈아입는 정도로도 새로움을 만족시켜줄 수 있다. 즉, 새로운 제품과 서비스를 제공하지 않더라도 브랜드를 리뉴얼하거나 새로운 콘텐츠를 업데이트 하는 등 내용물, 혹은 외양을 새롭게 꾸미는 것만으로 신선함을 줄 수 있다는 것이다.

예컨대 자동차 회사에서 하나의 브랜드 차종을 외관의 변경과 몇 가지 편의 사양 등을 추가하면서 고객들의 새로운 가치 추구, 최근의 트렌드를 만족시켜주는 것으로 한계가치를 늘려가는 것이 가능하다.

고객과 감정을 공유하라

 Marketing Story

"어쩌지, 새로 사귄 남자친구가 블로그를 함께 하자고 하네."

여대생 K 씨는 친구와 메신저를 하며 난처하다는 듯 말했다. 지금까지 K 씨는 싸이월드 미니홈피를 주로 사용하고 있었는데, 새로 사귄 남자친구가 다른 블로그로 이동을 하는 게 어떠냐고 물어 왔던 것이다.

"그럼, 너 일촌들은 어떡하고?"

K 씨도 그동안 맺었던 일촌들과 헤어진다는 것이 마음에 걸렸다. 그렇다고 블로그와 미니홈피를 둘 다 관리하는 것은 무리였다. 개인적인 이야기와 각종 스크랩, 일촌과 같은 인맥을 이중으로 관리해야 한다고 생각하니 은근히 스트레스가 쌓인다. 무엇보다 지금까지 맺어온 사람들과의 관계가 소홀해질 수 있다는 것이 가장 마음에 걸렸다.

"근데 그 블로그는 메신저랑 함께 쓸 수 있대?"

K 씨는 친구에게 싸이월드는 네이트온을 사용하면서 연동이 되는데 그 블로그도 그런 기능이 지원되느냐고 물었다. 친구가 그렇지 않다고 하자 K

씨는 자신이 싸이월드를 떠날 게 아니라 남자친구를 싸이월드로 초대하는 게 훨씬 낫겠다는 생각으로 마음을 정리했다.

떠나려는 고객을 붙잡기는 가장 좋은 방법은 뭘까? 혹자는 고객의 관심을 다시 끌기 위해서는 새로운 뭔가를 제시해야 한다고 한다. 하지만 이미 떠나려고 마음먹은 사람은 제아무리 새로운 것이 제시되어도 쉽사리 마음을 바꾸지 않는다. 결국 치료보다 예방이 중요한 법이다. 사실 마케터의 입장에선 고객이 쉽게 떠나려는 마음을 갖지 못하도록 하는 것이야말로 절대 지상과제라고 할 수 있다. 그러나 마케터의 피눈물 나는 노력에도 불구하고 떠나는 고객들이 있다. 그렇다고 그저 떠나는 이의 뒷모습을 바라보며 하염없이 눈물만 흘리는 순애보의 주인공이 될 수는 없지 않은가.

고객이 떠나려 해도 스스로 뭔가 아까운 마음이 들고 미련이 남게 해야 한다. 즉, 진한 아쉬움 때문에 쉽게 떠나지 못하도록 평소에 관계를 잘 맺고 있어야 한다. 그런데 고객이 떠나는 것을 막는답시고 발목을 붙잡으며 애원하거나 혹은 얄팍한 수를 쓰면 그 효과가 오래가지 못한다. 심지어 어떤 마케터는 기업의 입장에서만 생각하는 근시안으로 '지금 떠나면 손해를 본다'는 식의 노골적인 메시지를 보내는 무리수를 쓰기도 한다. 하지만 이것은 아주 위험한 도박이다. 이런 메시지를 받은 고객은 잠시 머뭇거리며 주저할 수 있겠지만 얼마 지나지 않아 기분이 불쾌해질 수밖에 없다. 결국 이런 식의 고객대응은 고객과의 좋은 관계를 망치는 시작이기도 하다. 그보다 고객 스스로 자사의 제품을 계속 사용하게끔 묶어둘 수 있는 방법을 찾아야 한다. 그러기 위해서는 당연히 고객의 입장에서 원하는 것이 무엇인지 파악하려고 노력해야 한다. 고객이 원하는 것이 무엇인지도 모르면서 고객을 붙잡을 수 있는 방법을 알기란 요원하다.

　기업은 항상 고객보다 '반 발짝' 앞장서서 가는 선도자라는 것을 잊어서는 안 된다. 때론 어디로 갈 것인지를 고객에게 물으며 길을 떠나는 동반자여야 한다. 기업이 '무조건 나를 따르라!'고 해도 곧이곧대로 따르는 고객은 더 이상 찾기 힘들다. 오히려 고객은 자신을 이해하기는커녕 무시부터 하려는 기업과는 아주 쉽게 관계를 끊어버린다. 기업의 의도대로 마구 휘둘릴 정도로 만만한 고객은 지구상에서 멸종했다고 생각한다. 고객은 얼마든지 지금 사용하고 있는 제품의 경쟁업체로 눈길을 돌릴 수 있다. 따라서 고객에 대해 전부를 안다는 자만심과 쉽게 떠나지 못할 것이란 오판은 제 무덤 파는 꼴이다. "왜 떠나려 하지?"를 고민해야 하는 아찔한 순간이 오기 전에 고객이 떠나지 못하도록 미리 돈독한 관계를 맺어 두어야 한다.

소중한 가치는 쉽게 포기하지 않는다

　'싸이질'과 '도토리'는 많은 사람들이 일상의 용어로 사용할 정도로 널리 알려져 있다. 〈투사부일체〉 영화를 보면, 몇몇 학생들이 싸이월드 미니홈피의 도토리를 이야기하는 장면이 나온다. 학생들의 이야기를 엿들은 주인공은 나중에 학생들을 불러놓고 진짜 도토리를 나눠주며 친하게 지내자고 한다. 그 순간 관객들은 포복절도를 한다. 왜냐하면 관객은 이미 도토리의 이중적인 의미를 알고 있기 때문이다. 결국 관객들의 우렁찬 웃음소리만큼이나 싸이월드는 이미 대중들 속에서 하나의 문화로 자리 잡고 있다는 것이다. 게다가 싸이월드 미니홈피는 연예인의 스캔들이 터지거나 하면 어김없이 당사자의 미니홈피가 주요 포털 사이트 검색 1순위가 될 만큼 높은 인지도를 가지고 있다.

　싸이월드는 대표적인 소셜 네트워킹 서비스이다. 고객 간의 관계 맺기가 많아지면 많아질수록 고객들의 사용 빈도나 친밀도 역시 높아진다는 네트워크 효과가 적용되는 곳이다. 이러한 네트워크를 확보하기 위해 초기에는 미니홈피에 기반한 '일촌 맺기' 서비스에 주안점을 두었다. 그 결과, 이제 일촌이란 말은 싸이월드에 국한되지 않고 새롭게 사귀게 된 친구거나 친한 친구를 뜻하는 사회적인 용어가 되었다. 이런 싸이월드의 성공 사례는 2007년에 하버드경영대학원의 비즈니스 연구 사례로 선정될 만큼 큰 반향을 불러일으키기도 하였다. 그러나 모든 시장에서 그렇듯 싸이월드의 성공은 모방 사이트의 등장과 싸이월드의 네트워크를 와해하려는 다양한 도전에 직면하게 되었다.

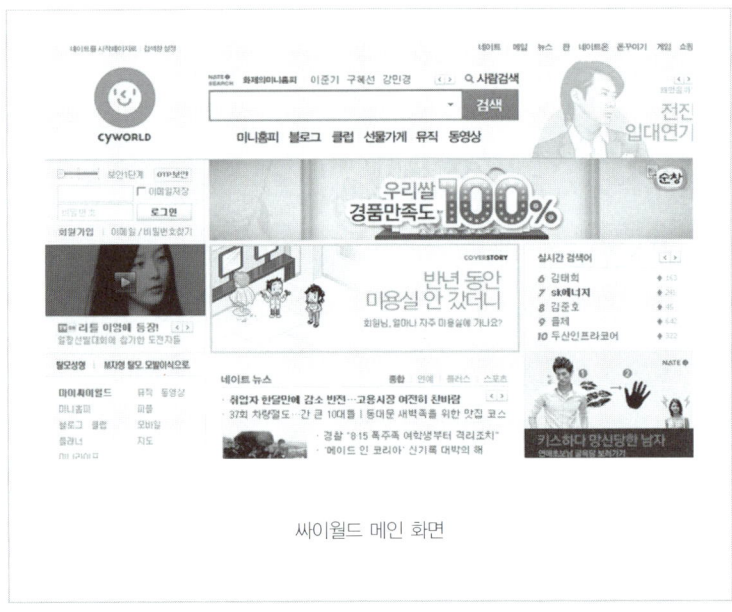

싸이월드 메인 화면

SK커뮤니케이션즈는 가만히 앉아 당할 수는 없었다. 추격자들을 따돌리기 위해 선택한 것은 기존의 네트워크를 더욱 확장하고 공고하게 만드는 것이었다. 그리고 싸이월드의 '일촌'이라는 네트워크와 네이트온의 '친구' 네트워크를 엮는 시도를 하였다.

싸이월드와 네이트온의 연계는 네트워크뿐만이 아니었다. 메신저에 싸이월드 서비스를 추가하여 사용의 편리성 또한 증대시켰다. 메신저 로그인 한 번으로 싸이월드 미니홈피도 방문할 수 있게 된 것이다. 이러한 연계성 강화는 네이트온이나 싸이월드 양측에 윈-윈이 되었다. 싸이월드를 이용하지 않아도 메신저인 네이트온을 통해 일촌에게만 공개된 친구의 미니홈피에 방문할 수 있도록 아이콘을 노출하였다. 그래서 일촌 공개로 된 미니홈피의 내용을 보기 위해 싸이월드에 회원으로 가입하는 상황이 벌어졌다.

네이트온이나 싸이월드는 이용자의 연계를 통해 다른 유사 서비스를 사용할 때 얻지 못하는 이점들을 제공함으로써 고객들이 쉽게 떠나지 못하도록 하는 장벽을 쌓을 수가 있었다. MSN메신저를 사용하는 사람은 메신저에서 친구의 미니홈피를 바로 이용하지 못한다. 그러나 싸이월드의 일촌은 네이트온 메신저의 친구로 등록이 되어 실시간으로 커뮤니케이션을 할 수 있다. 이처럼 SK커뮤니케이션즈는 경쟁자의 단점과 대비되는 네트워크의 확장과 이용의 편리성을 부각시켰다. 이러한 편리함에 익숙해진 고객은 다른 서비스로의 이동을 망설이게 된다. 떠나게 되면 아까운 마음과 불편함이 자연스레 들기 때문이다. 한번 구축된 관계를 옮기는 것이 얼마나 어려운가? 핸드폰을 잃어버려 새롭게 구입한 핸드폰에 전화번호를 일일이 입력해야 되는 상황을 생각해보면 이해가 더 쉬울 것이다.

현재의 서비스에서 고객이 쉽게 떠나지 못하게 하는 것은 단순한 이벤트나 광고만으로 가능한 일이 아니다. 무엇보다 서비스의 장점을 최대한 부각시키고, 유사한 경쟁업체로의 이동은 지금까지 고객이 추구해온 가치를 잃어버릴 수 있다는 것을 느끼게 해야 한다. 네이트온과 싸이월드는 그 가치, 즉 '친구의 소중함'을 더욱 돋보이게 했기 때문에, 이 서비스를 떠나는 것은 단순히 디지털 서비스 하나를 포기하는 것이 아니라 그동안 맺은 친구 관계를 정리해야 한다는 것과 같은 의미로 여겨졌기 때문에 고객은 쉽게 떠날 수가 없는 것이다.

혁신적인 가치 제공으로 마음을 붙잡아라

구글은 전 세계적으로 '인터넷 검색' 분야의 명실상부한 제1인자이다. 할리우드 영화나 미국 드라마에서 인터넷에서 정보를 찾는다는 뜻을 "Searching"이라 표현하지 않고 '구글링(Googling)'이라고 표현하는 것을 심심찮게 찾을 수 있다. 정보를 찾는다는 의미로 '구글(Google)'이란 회사명을 동사처럼 쓸 정도로 유명세를 자랑한다.

그러나 구글은 세계 최고의 검색서비스 업체라는 명성에 만족하지 않고 진정한 인터넷 강자로 발돋움하려고 새로운 서비스를 준비하였다. 2004년에 무료 이메일 계정인 '지메일(Gmail)'을 서비스하는 것으로 도약의 발판을 마련한 구글은 연달아 새로운 서비스를 선보였다. 다운로드 없이 인터넷 상에서 마이크로소프트 오피스 프로그램을 바로 사용할 수 있는 '구글 닥스(Google Docs)' 서비스, 음성 및 영상통화 서비스 등을 연계하는 혁신적인 서비스들을 제공하였다. 이는 검색만을 위해서 구글을 방문하는 것이 아니라 일상적으로 이용할 수 있도록 하기 위한 것이다. 그리고 이러한 서비스의 확대는 구글링이 더 이상 검색을 뜻하는 것이 아니라 인터넷에서 동반자를 뜻하는 말로 진화하고 있음을 알 수 있다.

이제 지메일 이용자는 굳이 검색이 아니라 메일 이용을 위해서라도 구글을 방문한다. 구글의 이메일 서비스인 지메일은 서비스를 개시한 지 4년여 만에 가입자 1억 명을 달성하였다. 미국 내 가입자 증가율 40%를 달성하면서 광고비 수익을 증대시키고 네티즌들의 구글 서비스에 대한 의존도를 높이는 성과를 거두게 된다. 또한 단순한 이메일 계정 제공에 그치지 않고 이메일 계정을 통해 이용할 수 있는 혁신적인 서비스를 끊임없이 제공하여 차별화를 꾀했다. 이런 서비스를 접한 지메일 고객은 다른 무료 이메일 계정을 이용하려는 생각을 쉽게 할 수 없게 된다.

지메일이 무료 이메일 서비스의 후발 주자임에도 불구하고 성공할 수 있었던 것은 자신의 자산을 잘 활용하였기 때문이다. 구글의 검색 서비스를 이용하기 위한 방문자는 엄청났다. 이 방문자 수가 바로 구글의 자산이었다. 따라서 새롭게 회원을 유치하려고 구글 밖의 영토까지 건너가 마케팅을 해야 하는 수고도 필요 없었다. 기존의 회원들만 가입을 하더라도 단숨에 유력한 메일 계정 서비스 업체의 지위로 오를 수가 있었기 때문이다.

구글은 방문자 수 못지않게 방문 횟수와 머무는 시간, 그리고 활용도에 주목하였다. 막강한 검색 서비스를 바탕으로 많은 사람들이 이용하였기 때문에 인터넷을 기반으로 하는 각종 서비스를 효과적으로 묶어냈다. 그 결과, 고객은 구글에 들러 단순히 몇 가지 검색만을 하고 떠나버리는 것이 아니라, 무한 용량의 지메일을 포함한 혁신적인 서비스를 활용하며 자신의 가치를 만족시키기 시작했다. 이런 고객들에게 광고 노출의 효과는 높을 수밖에 없다. 방문하는 횟수가 많고 머무는 시간이 길수록 여러 번 광고를 보기 때문이다. 이와 같이 구글은 광고주에게도, 고객에게도 혁신적인 가치 제공을 하여 자신들을 비롯한 모두에게 이득을 줄 수 있었다.

Marketing Clue

전환 비용(Switching Cost) & 보유 효과(Endowment Effect)를 활용하라

사람들은 뭔가를 획득했을 때 느끼는 감정의 크기보다 잃을 때 느끼는 상실감의 크기가 더 크다고 한다. 이러한 점을 보여준 '프로스펙트 이론(Prospect Theory)'은 마케터들에게 '이득은 나누고 손실은 합하라'는 아주 중요한 교훈을 남겨주었다.

프로스펙트 이론을 심리학적으로 제시한 대니얼 카너먼과 아모스 트버스키의 주장에 따르면 경제 주체는 항상 합리적인 의사결정을 내리지 않는다고 한다. 이는 물건을 구입하는 경우를 생각해 보면 이해가 쉽다. 사람들이 제품을 구매하면서 느끼는 기쁨을 '이득'이라고 한다면, 그에 상응하는 대가로 돈을 지불해야 하는 과정을 '상실'이라고 가정한다. 먼저 이득을 나누어야 하는 이유를 살펴보자. 볼펜 한 자루처럼 아무리 작은 제품이라도 여러 번에 걸쳐 받게 된다면 매번 기쁜 마음을 가질 수 있다. 하지만 한 번에 여러 자루의 볼펜을 받는 경우는 그 기쁜 감정의 총합 차원에서 앞의 경우보다 많이 반감될 것이다.

손실은 이와 반대이다. 제품의 대가를 지불할 때 당장 일시불로 거금의 돈을 지갑에서 지불해야 하는 경우에 느끼는 상실감은 시간이 지나면 없어진다. 그러나 할부를 해서 매번 카드 결제일에 대금을 결제해야 한다면 매달 돈을 뺏기는 기분이 들어 일시불보다 더 큰 상실감을 느끼게 된다. 마케터는 이러한 심리 상태를 적극 이용할 필요가 있다. 바로 '전환 비용'과 '보유 효과'의 활용이다.

전환 비용이란 고객이 현재 사용하는 브랜드나 특정 상품을 다른 것으로 바꿀 경우 발생하는 고객의 비용이다. 여기서 비용은 고객의 희생이나 추가적 노력 혹은 변화의 위험 등의 전반적인 유·무형의 가치를 모두 포함한다. 이러한 전환 비용이 많다면 고객들은 이 비용이 부담스러워서라도 다른 제품을 선택하지 않게 될 것이다. 대부분의 사람들이 자신의 주거래 은행을 쉽게 바꾸지 않는 것도 이런 이유에서다. 은행을 바꾸려면 계좌의 이동과 새로운 은행에 대한 적응 같은 것들 때문에 지금의 은행에 불만이 있더라도 쉽게 바꾸지 않는 것이다.

한편, 미국 시카고 대학의 리처드 탈러 교수가 말한 보유 효과는 자신이 소유한 물건에 애착을 가지기 때문에 해당 물건에 대해 객관적인 판단보다 주관적인 판단을 통해 가치를 높게 매기는 경우를 말한다. 옛날에 찍은 가족사진들을 모아놓은 낡아빠진 사진첩을 비싼 고급 자동차보다 더 중요하게 생각하는 사람이 꽤 많다. 이처럼 사람들이 자신이 소유한 것에 대해 간혹 과대평가를 하는 이유는 가지고 있던 물건의 상실을 못 견뎌 하는 점에서 일부 기인한다고 볼 수 있다. 이를 응용한 마케팅이 바로 '무료 체험 기간' 행사이다. "써 보신 후 마음에 들지 않으시면 30일 이내에 언제든지 반품하실 수 있으십니다"라는 문구로 고객을 설득하는 홈쇼핑 제품은 바로 고객들의 보유 효과를 노리는 전략이다. 일단 배송 받은 제품에 큰 하자가 없어 계속 사용하다 보면 작은 불만이 생겨도 이미 자신의 물건으로 생각해 애착을 가지게 된다. 그렇기 때문에 쉽게 환불을 요구하지 않는다는 점에 착안한 마케팅 기법인 것이다. 홈쇼핑에서 구입한 소파가 어느 날 갑자기 우리 집 거실에서 사라진다고 상상해보라. 아무리 마음에 안 들어 반품을 신청했다고 해도 막상 소파가 반품되고 나면 거실은 엄청 휑하게 느껴질 수 있다. 한번 소유한 물건은 상상 외로 자신에게 중요한 존재가 되는 것이다.

존중받을 때 고객은 마음의 문을 연다

 Marketing Story

직장인 G 씨는 오늘 하루를 울다 웃었다 하며 보냈다. G 씨는 외근을 나갔다가 그만 휴대폰을 잃어버린 것이다. 새 휴대폰을 사는 것도 아깝기 그지없을 뿐더러 금방 살 수 있는 형편도 아니었다. 하지만 당장 급하게 업무를 보려면 휴대폰이 있어야 하는데, G 씨는 마음만 답답할 뿐 이러지도 저러지도 못하고 있었다.

"이봐! SK텔레콤 이용하고 있었지?"

휴대폰 분실에 난감해하는 G 씨에게 옆 자리의 동료가 이용하는 이동통신사가 SK텔레콤이지 않느냐고 물었다. 그렇다고 하니 동료는 씩 웃으며 T World 홈페이지로 접속했다.

"휴대폰 분실했다고 신고부터 하고 임대폰 신청해봐. 무료야."

G 씨는 홈페이지를 자세히 봤다. '휴대폰 분실 시에도 고객님은 불편함이 없습니다'는 안내 문구가 눈에 들어왔다. 답답한 마음에 어쩔 줄 몰라 하던 자신에게 꼭 필요한 서비스를 제공하고 있었다. 지금까지 휴대폰을

사용하면서 잘 몰랐는데 이번 일을 계기로 자신이 대접받는다는 기분이 들었다. 평소에 지불하는 요금을 생각하면 당연한 것 같았지만 그래도 당분간 무료로 임대폰을 사용할 수 있다니 기분이 매우 좋았다.

G 씨는 이 밖에도 SK텔레콤 멤버십 제도가 무엇이 있는지 살펴봤다. 자신에게 맞는 혜택이 다채롭게 있었다. 이중에서 외국어 학원 등록 시 혜택을 받는 것에 관심이 생겨 다시 마우스를 클릭했다.

고객을 단골로 유지하며 지속적인 관계를 맺기 위해서는 당연히 친밀감을 느끼게 해야 한다. 그리고 고객과의 친밀감은 다름 아닌 고객에 대한 존중으로부터 형성된다. 요즘 고객은 겉으로 보이는 친절함에 쉽사리 마음을 열지 않는다. 자신을 우대해주고 만족도를 높여줘야만 제품이나 서비스를 제공한 기업에게 친근함을 느끼며 단골이 된다.

예컨대 한 여대생이 오랫동안 이용해 오고 있는 단골 미용실을 상상해보자. 그 미용실의 헤어 디자이너는 여대생의 이름과 얼굴을 기억하고 있으며 방문할 때마다 다과를 대접하며 반겨준다. 그뿐만 아니라 여대생의 모발 특성과 헤어스타일 취향을 잘 알고 있기 때문에 여대생은 언제라도 안심하고 그 헤어 디자이너에게 머리를 맡길 수 있다. 여대생의 생일에는 이용 할인권을 보내주고 방문할 때마다 포인트가 적립된다. 또 헤어 디자이너의 퇴근 시간은 원래 저녁 7시이지만 여대생이 특별히 사전에 부탁하면 7

시 이후에도 이용이 가능하다. 이제 여대생은 헤어 디자이너가 마치 오랫동안 알고 지내온 언니처럼 느껴져서 이용 도중에 뷰티 상담은 물론 취업이나 연애의 어려움을 하소연하기도 한다.

단골은 이처럼 서비스 자체의 질도 중요하지만 주로 '관계'의 원만함 때문에 만들어지는 경우가 많다. 그런데 어느 정도 한정된 고객을 대하는 동네 미용실과 달리 수많은 고객을 상대하는 기업이 각각의 고객에게 개인적인 관심을 기울이며 관계를 형성하고 특별히 대우해주는 것은 어찌 보면 불가능해 보인다. 그러나 고객에게 차별화된 가치를 제공하는 기업은 개별적인 관계를 맺을 수 있는 커뮤니케이션을 항상 시도하였고 또 성공하였다.

차별화된 가치로 새롭게 대접하라

항공사나 카드사, 그리고 이동통신사 등과 같이 고객 서비스가 중요하고 경쟁이 치열한 업종일수록 고객관계관리 및 로열티 프로그램이 활성화되어 있다. 국내 이동통신업계도 예외는 아니어서 각 업체마다 고객관계관리 일환으로 멤버십 제도를 운영하고 있다.

국내 이동통신업계에 멤버십 제도를 최초로 도입한 기업은 역시 업계 리더인 SK텔레콤이었다. 1997년에 SK텔레콤은 업계 최초로 실적에 따라 인센티브를 제공하는 '콜 플러스' 서비스와 우량 고객을 우대하는 멤버십인 '011리더스클럽'을 도입하였다. 지

SKT 리더스클럽 TV 광고

난 일 년간 콜플러스 점수가 1천 점 이상인 고객들만이 011리더스클럽 가입 대상이었다. 리더스 클럽 멤버들은 단말기 분실 보험, 무상 애프터서비스 등의 혜택을 제공받을 수 있었다.

그러나 2000년 들어 이동통신시장이 점차 성숙기에 접어들면서 더 이상 신규 가입자의 급격한 증가를 기대하기 어려워졌고, 업계의 마케팅은 기존 고객 유지에 초점이 모아지기 시작했다. 특히 SK텔레콤은 의무가입 규정에 묶인 가입자 400만여 명 가운데 60% 가량이 2000년 상반기 중에 의무가입기간이 만료됨에 따라 가입자의 이탈이 우려되는 상황에 직면해 있었다. 이러한 환경 변화에 대응하여 SK텔레콤은 그 해의 마케팅 핵심 전략을 '신규 가입자 유치'에서 '기존 고객 유지 강화'로 변경하였다. 그리고 기존 고객에게 보다 수준 높은 서비스를 제공함으로써 고객의 만족도와 친근감을 높이려는 목적으로 기존의 011리더스클럽을 대대적으로 확대 개편하기에 이른다.

기존의 리더스클럽은 마일리지 형식의 보너스 제도였다. 확대 개편된 리더스클럽은 우량 고객을 포함한 모든 SK텔레콤 가입자를 대상으로 하였고, 다양한 분야의 업체들과 제휴를 맺어 대대적으로 공동 마케팅을 펼침으로써 보다 폭넓고 다양한 서비스와 혜택을 제공할 수 있었다. 새로운 리더스클럽은 SK텔레콤 가입자의 라이프스타일을 분석하여 '자유세상' 등 4개의 그룹으로 나누었다. 이렇게 그룹별로 각각의 니즈에 맞추어 특화된 혜택을 제공하도록 설계되어 있다는 점이 기존의 멤버십 프로그램과 달랐다. SK 텔레콤의 모든 고객은 '자유세상', '성공세상', '행복세상', '여유세상' 그룹 중 하나를 선택하여 다양한 부가 서비스 혜택을 받을 수 있었다.

'성공세상'에 가입한 고객에게는 착신전환서비스와 자동연결 서비스가 무료로 제공되고 자동차 엔진오일 교환, 항공사 제휴 서비스, 스피드 011리더스 공항 라운지 무료 이용 등의 혜택이 제공되었다. 또 '자유세상' 가입자에게는 자체 정보샘 서비스 50% 할인, 놀이공원 제휴 서비스, 콘도 특별할인 서비스 등이 제공되었다. '행복세상'에서는 기념일 홍보, 제빵·백화점 제휴 서비스를, '여유세상' 가입자에게는 여행, 호텔, 건강검진 서비스 등의 혜택을 주었다. 전체 가입자 중에서도 통화량이 많은 상위 5% VIP 고객에게는 단말기 분실 시 신형단말기 무료 임대, 무료 통화 등의 혜택을 제공하는 등 우량 고객 우대 제도를 지속적으로 운영하였다.

2002년과 2003년을 거치면서 리더스클럽 멤버십 프로그램은 우량 고객 우대 정책을 강화하는 방향으로 개선된다. 즉 2002년에는 기존의 고객 라이프스타일에 따라 '성공세상' 등으로 세분되었던 멤버십 프로그램을 통합하고, 통화 이용량에 따라 멤버십의 등급을 'VIP', '골드', '일반' 등으로 나누었다. 그리고 등급에 따라 다른 멤버십 서비스를 적용하였다. 이어서 2003년에는 멤버십 등급을 기존 사용 요금, 가입 기간, 최근 고객 연체 이력 등을 고려하여 'VIP', '골드', '실버', '일반' 4등급으로 한층 더 세분화하였고, 그 등급에 따라 연간 할인 한도가 차등적으로 적용되었다.

이와 같이 SK텔레콤은 우량 고객이 좀 더 친근함과 소속감을 갖게 하기 위해 리더스클럽과 같은 멤버십 프로그램을 적절하게 활용해오고 있다. 이러한 멤버십 프로그램은 고객으로 하여금 경쟁사 대비 차별적인 가치를 인식하게 해줌으로써 고객 이탈을 방지하였다. 특히 고객의 가치에 따라 차등적인 혜택을 제공함으로써 비용 대비 프로그램의 효과와 수익성을 높일 수 있었다.

감동과 존중이 단골을 만든다

싱가포르는 국가 정책으로 '아시아 의료 허브' 건설을 위해 관광과 의료를 결합한 '의료 관광(Medical Tourism)'을 적극적으로 실시하고 있다. 싱가포르 관광청은 의료 관광을 위한 부서를 따로 만들어 지원할 정도로 외국인 환자를 유치하려는 노력을 강화하고 있다.

싱가포르 공항 인근의 종합병원 래플스는 300석의 병상이지만 규모에 비해 그 명성은 가히 세계적이다. 왜냐하면 서비스 수준이 웬만한 호텔 이상으로 세계 최고의 수준이기 때문이다. 이 병원의 서비스는 외국인 환자가 입국하는 순간부터 시작된다. 외국인 환자가 타국의 의료 서비스를 받을 때 가장 걱정되는 것이 바로 언어의 장벽이다. 래플스는 이런 고객의 불편함을 덜어주고자 환자의 모국어를 구사하는 직원을 공항에 내보내 친절하게 입국 절차를 돕는다. 그리고 병원에 도착하면 마치 호텔에서 서비스를 하듯 환자 대신 짐을 들어주고 진료 접수를 대신 해준다. 기다리는 동안 환자는 간단한 다과를 제공받고 순서가 되면 담당 의사를 만나 진료를 받는다.

환자가 입원을 하게 되면 5성급 호텔에 버금가는 병실이 제공된다. 환자는 화장실의 미끄럼 방지나 둥근 모서리 등 최대한 환자의 편의와 안전을 고려한 병실에서 쾌적하게 지낼 수 있다. 이뿐만 아니다. 래플스는 그랜드피아노에서 연주되는 음악, 인공폭포와 정원 등 환자의 심신을 안정시킬 수 있는 병원 환경으로 환자에 대한 세심한 배려를 아끼지 않는다.

치료 과정도 철저히 환자 중심이다. 내과와 외과로 나누어져 있는 병원은 한 홀에 각 과들이 함께 있다. 환자가 힘들게 이곳저곳을 이동하는 것이 아니라 각 과의 의사들이 함께 모여 환자에 대해 의논하고 상태를 살펴본다.

래플스의 서비스는 비단 환자 본인에게만 국한되지 않는다. 환자와 동행한 가족들을 위해 숙박 시설의 제공은 물론이고, 심지어 싱가포르 관광 프로그램을 제공하기까지 한다. 가이드 자격증을 가진 병원 직원이 관광과 관련한 상담과 호텔 예약과 같은 모든 업무를 대행해준다. 가족들은 더 이상 환자의 간병 때문에 육체적으로 힘들지 않아도 된다. 심리적인 스트레스도 관광 프로그램 덕분에 상대적으로 덜 받을 수 있다. 만약 장기 치료를 받게 된다면 아예 병원 인근의 아파트를 임대해주고 체류 기간의 연장 또한 병원에서 다 처리해준다.

아파서 병원에 한 번이라도 가본 사람이라면 래플스의 서비스가 얼마나 사려 깊은지를 이해할 것이다. 단순히 치료만을 위한 것이 아니라 치료를 하는 과정에서 발생하는 모든 부분에 대해 환자의 입장을 고려한 배려를 하고 있다. 이러한 세심한 배려는 환자로 하여금 충분히 존중받고 있다는 만족감을 느끼게 해준다. 래플스의 치료 과정을 경험해본 사람이라면 당연히 다음에도 이곳을 찾을 수밖에 없다. 자신의 나라에 있는 종합병원에 가지 않고 굳이 비행기를 타고 싱가포르까지 가는 이유는 바로 래플스가 환자로서 만족하고 싶은 모든 가치를 충족시켜주기 때문이다.

존중은 고객과 정서적인 공감대를 형성하는 것에서부터 시작한다. 래플스는 환자를 치료 대상만으로 생각하지 않고 환자의 입장에서 생각했기 때문에 가족까지 배려한 서비스가 가능했다. 사람들은 판에 박힌 친절을 보고 존중으로 받아들이지 않는다. 래플스처럼 병원이라는 업종의 특성에 맞춘 독특한 가치를 제공해야만 고객들은 정말 존중받는다는 것을 실감하고, 브랜드에 대한 애착을 더 가지게 되는 법이다.

Marketing Clue

로열티가 아니라 단골이다

'충성 고객', '충성도 측정', '로열티 프로그램' 등 고객과의 관계를 이야기할 때 흔히들 로열티, 즉 충성도를 자주 이야기한다. 그런데 이 말처럼 고객과의 관계를 수직적으로 보는 것도 없다. 과연 누가 누구에게 충성을 한다는 말인가? 고객은 왕이라고 해놓고 고객에게 충성을 요구한다는 게 앞뒤가 맞지 않다.

'충성'이란 단어의 사용은 그만큼 슬로건 위주의 마케팅으로 고객을 바라보며, 고객을 제대로 존중하지 않았다는 반증이라고 할 수 있다. 이러니 고객은 충성은커녕 이율배반적인 기업에게 친근함조차 느끼지 못하고 이리저리 브랜드를 옮겨 다니는 것이다.

고객이 브랜드를 충성과 배반의 대상이 아니라 친근함을 느끼는 삶의 동반자로 여기려면 무엇보다 마음이 움직여야 한다. 그렇다면 기업은 고객의 마음을 들여다보고 '과연 고객은 무엇을 원하는지'와 '만족감을 최대한 가질 수 있는 서비스가 어떤 것인지'를 헤아릴 줄 알아야 한다.

고객의 마음을 헤아리기 위해서는 개개인의 세세한 데이터나 패턴을 바탕으로 고객의 요구사항을 맞춤식으로 분류할 줄 알아야 한다. 그런데 수많은 사람들의 요구를 모두 들어주는 것은 기업으로서도 상당한 부담이 될 수밖에 없다. 따라서 기업이 원하는 우량 고객을 정확하게 선별하여 차별적인 우대를 해주는 것도 새로운 관계 형성의 좋은 방법이 될 수 있다.

고객을 차별적으로 우대한다는 것이 상대적 박탈감을 주는 차별이 아니라 서로가 원하는 수준의 동반자로 도달하기 위한 일종의 동기부여라고 보면 된다. 그렇기 때문에 단골고객을 만들기 위해서는 금전적인 혜택만으로 차별하는 것이 아니라 심리적인 보상과 정서적인 유대를 형성하는 것이 매우 중요하다. SK텔레콤의 리더스클럽은 제휴업체 이용 시 할인혜택을 제공할 뿐 아니라 '차별적' 특권을 누리는 Leading Brand 고객으로서의 자부심을 자극한다.

이와 같이 기업은 단골 고객을 위한 프로그램으로 고객과의 지속적인 쌍방 커뮤니케이션을 통해 고객의 니즈에 부합하는 금전적, 심리적 혜택을 제공함으로써 고객과의 관계를 강화해 나가야 한다. 특히 우량 고객을 우대함으로써 고객 가치가 높은 소비자와의 특별한 관계를 만들기 위해 더욱 노력해야 한다.

나눔의 행복, 고객과의 윈-윈 성공 방정식

 Marketing Story

대학생 Y씨는 여자친구에게 전화를 걸며 흐뭇한 미소를 지었다. 여자친구의 휴대폰에서 들려오는 특별한 멜로디 때문이다.

"어, 전화를 안 받네."

Y씨는 다시 한 번 더 통화를 시도했다. 그리고는 여전히 흐뭇한 미소를 지었다. 이런 Y씨의 모습을 옆에서 보고 있던 친구가 무슨 좋은 일이라도 있냐며 물었다.

"응? 여자친구 '엔젤링(Angel Ring)'이 듣기 좋아서 말이야."

"엔젤링?"

Y씨는 SK텔레콤의 사회 기부 프로그램에 참여하면 통화 대기음 앞부분에 '엔젤링(Angel Ring)'이란 멜로디가 무료로 제공된다는 것을 설명해 주었다. 그리고는 이렇게 기부된 돈이 결식아동들에게 도움을 주는 데 쓰인다며 흐뭇한 미소를 지었다.

"학생이 무슨 돈이 있어서 기부까지 하냐?"

"천 원에서 만 원까지 소액의 돈이나 레인보우 포인트, OK캐쉬백 캐시백 포인트로 하면 돼."

친구는 평소에 잘 쓰지 않는 포인트로 기부까지 할 수 있다고 하자 놀라움과 감탄을 금치 못했다.

"기업이 우리가 가지고 있는 포인트로 그렇게 좋은 일을 한단 말이야? 우와, SK가 왠지 달리 보이네."

"그렇지? 이윤만 챙기는 게 기업이라고 생각했는데 이제는 그 생각이 틀린 것 같아. 이런 기업이라면 믿을 수가 있겠지?"

삼성경제연구소가 선정한 2008년 10대 히트 상품 리스트에 가수 김장훈과 배우 문근영의 '기부 활동'이 포함되어 눈길을 끌었다. 특히 김장훈은 기부와 나눔을 실천하는 대표적인 연예인으로서, 2008년 잡지협회가 한 해 동안 대한민국을 위해 가장 헌신하거나 선행한 사람에게 수여하는 '올해의 인물'로 선정되는 영광을 누리기도 하였다. 반면 고액 출연료를 받는 것으로 유명한 몇몇 스타들은 '그렇게 많이 벌고도 기부 한 번 안 하느냐'는 따가운 눈초리를 일각에서 받기도 한다.

요즘은 연예인에게도 이와 같은 사회적 책임이 강조되는 분위기이다. 하물며 사회로부터 많은 이윤을 획득하고, 그 사회에 소속된 수많은 이해관계자들과 복잡하게 상호작용하는 기업에게 사회적 책임은 두말할 것 없이 점점 더 중요하게 부각되고 있다.

그렇기 때문에 기업은 단순히 이윤 추구를 극대화하는 것만으로는 진정한 성공을 지속하는 것이 불가능해졌다. 그 어떤 사회구성원보다도 사회에 대한 영향력이 커진 오늘날의 기업에 대해 사람들은 그만큼 사회적으로 책임을 지고 사회에 기여하려는 자세를 기대한다.

제품의 품질에 있어 갈수록 차별성이 희박해지는 경쟁 관계는 새로운 측면에서의 차별화를 요구한다. 그렇다면 주로 감성적 차원에서 진검승부를 해야 하는 기업들에게 '착한 기업'이라는 타이틀만큼 소비자들에게 강력하게 어필할 수 있는 포지셔닝도 없을 것이다. 따라서 더불어 살아가야 하는 사회에서 기부란 기업에 있어서 책임감의 산물이자 공존의 지혜임에 분명하다.

나눔의 부메랑 효과는 공존이다

SK텔레콤은 국내 이동통신업계를 선도하는 기업으로서 사회복지, mobile과 IT, 교육 및 장학, 자원봉사, 환경과 문화, 예술 지원 등 다양한 사회공헌프로그램을 도입하여 적극적인 활동을 전개해왔다. SK텔레콤이 추구하는 사회공헌활동은 일시적인 수익의 사회 환원이나 일회성의 이벤트가 아니라 궁극적으로 모든 사람들이 행복한 사회를 구현하기 위한 나눔의 문화를 창출하고 확산시키고자 한다.

특히 SK텔레콤은 이동통신사업의 특성을 활용하여 통신 인프라를 활용한 다양한 사회공헌활동을 진행해왔다. 미아와 치매노인 찾기, 긴급 문자방송, 119 긴급 구조, 모바일 헌혈, 모바일 상담, 그리고 모바일 기부 등이 이에 해당한다.

SK텔레콤의 대표적인 '모바일 기부' 프로그램인 '행복천사(Happy1004)' 캠페인은 2007년 11월에 시작되었다. 고객과 기업이 함께 만드는 고객 참여형 사회공헌프로그램으로서 가입자가 기부한 금액만큼 SK텔레콤이 추가 기부하는 매칭 펀드 프로그램이다. 행복천사 캠페인은 소액기부 프로그램 '행복나눔'과 콘텐츠 구매형 기부 프로그램 '뮤직나눔'으로 나뉜다.

'행복나눔'은 일시불로 후원할 수 있는 일시 후원과 1년 동안 일정 금액을 매달 후원하는 정기 후원으로 구성되어있고 두 형태의 후원을 병행하는 것도 가능하다. 현금뿐만 아니라 적립해두고 미처 사용하지 않은 레인보우 포인트나 OK캐쉬백캐쉬백 포인트를 기부할 수도 있다. 일시 후원은 1,000원에서 1만원까지 1,000원 단위로 원하는 만큼 선택하여 후원할 수 있다. 정기 후원은 매달 1,000원, 2,000원, 5,000원 중 선택해 후원하고 후원 금액에 따라 무료 문자메시지가 제공되었다. 후원 금액은 이동통신 요금에 합산 청구되며, SK텔레콤은 고객들의 후원 금액의 100%를 추가 후원한다. 이렇게 '행복나눔'에 참여한 고객들에게는 통화 대기음 앞부분에 설정할 수 있는 '엔젤링(Angel Ring)'이란 멜로디가 무료 제공되었다. 전화를 건 상대방에게 들리는 엔젤링 서비스는

'사람을 향합니다' 광고 캠페인

기부 고객에게 뿌듯한 자긍심을 고취시킬 뿐만 아니라 듣는 사람들에게는 공익활동을 홍보하는 효과가 있다.

한편 '뮤직나눔'은 '행복천사(happy1004.tworld.co.kr)' 내의 '뮤직나눔' 페이지를 통해 벨소리, 컬러링, 노래방 등 음악 관련 콘텐츠를 구매하면 SK텔레콤이 구매 건당 100원씩 기부하는 프로그램이다. 행복천사 캠페인은 SK텔레콤 대리점과 고객센터, 행복천사 웹사이트를 방문하거나 휴대전화에서 '**1004+NATE'를 눌러 접속하여 신청하면 되며, 휴대전화 접속에 따른 통화료는 무료이다.

이 캠페인을 통해 조성된 금액은 결식아동과 청소년들을 위한 도시락 지원, 도서 지원, 공부방, 상담 센터 운영 등에 활용되었다. 고객들은 거창한 기부에 대한 부담감 없이 생활의 필수품인 휴대폰을 이용하여 손쉽게 결식아동과 청소년들을 후원할 수 있었고, '엔젤링'이 울려 퍼질수록 나눔의 기쁨도 함께 확산되었다.

SK텔레콤은 '행복천사' 캠페인에 이어 2008년도에는 '사람을 향합니다 – END SEND' 광고 캠페인을 전개하였다. 이런 기부와 나눔 캠페인을 전개하면서 SK텔레콤은 인류의 행복을 추구하는 기업 철학을 표명하였다. 또한 고객들의 모바일 기부 동참을 권유하여 기업의 사회적 책임과 개인의 기부 문화를 확산하는데 많은 기여를 하였다.

'사람을 향합니다 – END SEND' 광고의 전반부에는 'END' 버튼과 함께 "당신 혼자만의 힘으로 전쟁, 지구 온난화, 가난 등과 같은 크나큰 인류의 불행을 끝낼 수는 없다"는 내용이 먼저 나온다. 그리고 한 아이가 교실에서 도시락을 먹는 장면이 나오면서 "그러나 당신은 이 아이의 배고픈 점심시간을 끝낼 수는 있다"는 반전(反轉)의 메시지가 표현된다. 뒤이어 검은 화면을 바탕으로 'END' 버튼은 S가 덧붙여져 'SEND' 버튼으로 바뀌고 "당신의 힘을 보여주세요. **1004+SEND"라는 카피가 제시된다. 동시에 화면의 하단에는 "**1004를 누르시면 사회공헌단체들의 활동을 후

원하실 수 있습니다(통화료 무료)"라는 내용을 병기하여 보는 이로 하여금 이 광고의 메시지를 더욱 명확하게 인식시킬 뿐만 아니라 모바일 기부를 실천하는 방법을 구체적으로 알려주고 있다.

이처럼 SK텔레콤은 기업의 아이덴티티에 부합하는 사회공헌프로그램을 단지 실행하는 것에 그치지 않고 이를 광고 커뮤니케이션을 통해 고객들에게 널리 알려 사회공헌활동의 효과를 극대화하고 있다. 이 광고를 통해 많은 사람들은 휴대폰을 통한 개개인의 작은 참여가 사회의 소외계층을 실질적으로 도울 수 있다는 사실을 깨닫고 공감할 수 있었다. 그리고 그러한 공감을 바탕으로 소비자들은 SK텔레콤이 휴머니즘에 근거한 사회적 책임감을 갖춘 IT 선도 기업이라는 이면의 메시지에도 수긍할 수가 있었다.

나눔과 마케팅의 공통분모, 공존의 커뮤니케이션

스타벅스, 애플, 마이크로소프트, 홀마크, 컨버스, 갭, 엠포리오 아르마니, 아메리칸 익스프레스 카드. 이들 브랜드들의 공통점은 무엇일까? 사람들에게 많이 알려져 있고 인기가 높은 글로벌 브랜드이다. 또 하나의 공통점은 이 브랜드들은 '프로덕트 레드(Product Red)' 로고를 부착한 상품 라인을 가지고 있다는 점이다.

한 사람이 애플 아이팟을 구매하러 매장을 방문했다. 그는 레드 색상의 아이팟 제품을 눈여겨보았다. 그 모습을 지켜본 매장의 점원은 그에게 그 제품을 구입하면 한 대 당 약 1만 원씩 아프

'프로덕트 레드' 캠페인에 참여하고 있는 브랜드

리카의 에이즈 환자에게 전달된다고 말해주었다. 물론 구매 가격은 다른 아이팟 제품과 동일하기 때문에 추가적인 지출이 발생하지 않는다. 그는 레드 색상의 아이팟을 구매했고 원하던 아이팟을 샀다는 만족감과 동시에 남을 도왔다는 뿌듯한 기분을 만끽할 수 있었다.

대부분의 사람들은 자신의 이익에 크게 위배되지 않는 한 남을 돕는 선한 사람이 되고 싶은 마음은 가지고 있다. 더구나 자신이 좋아하는 브랜드도 샀는데 그게 바로 남을 돕는 것이 될 수 있다면 그야말로 일거양득인 셈이다. 프로덕트 레드에 대한 아이디어는 이러한 사람들의 심리를 포착한 데에서 비롯되었다.

프로덕트 레드는 인기 록 그룹 U2의 리더인 보노와 변호사 바비 슈라이버가 아프리카의 에이즈, 결핵, 말라리아 퇴치 기금을 마련하려는 취지로 2006년 1월에 시작한 캠페인이다. RED는 Revolution(혁명), Evolution(진화), Devotion(헌신)의 머리글자를 딴 것이다. 프로덕트 레드 캠페인에 참여하는 기업들은 프로덕트 레드 로고를 부착한 제품 라인을 만든다. 마이크로소프트의 윈도우즈 VISTA RED에는 프로덕트 레드만의 월페이퍼 몇 종과 전용 스크린 세이버가 기본으로 포함되어있다. 갭(GAP)의 레드 캠페인 아이템은 머플러와 모자로서 빨간색과 빨간색 바탕에 회색 줄무늬가 있는 두 종류가 있다. 또 10여 종의 레드 컨버스 라인은 신발끈을 채우는 홀인 아일렛 중 첫 번째 아일렛이 붉은 색으로 되어있다.

프로덕트 레드에 참여한 기업은 레드 로고를 자사 제품에 부착하는 대가로 그 제품 판매액의 일정 부분을 보노가 이끄는 에이즈와 말라리아, 결핵을 돕는 구호 기금인 글로벌 펀드에 기부한다. 또한 프로덕트 레드의 라이선스를 획득하기 위해 라이선스 비용을 지불하는데, 이 비용은 프로덕트 레드의 법인 운영 및 브랜드 마케팅에 사용된다.

현재 애플, 모토로라, 갭, 엠포리오 아르마니, 아메리칸 익스프레스 카드, 컨버스, 마이크로소프트, 델 등 세계적인 유명 브랜드들이 이 캠페인에 참여하고 있다. 또한 조지 부시, 빌 게이츠,

오프라 윈프리, 스티븐 스필버그 등 각계 명사들도 이 캠페인에 동참했다. 프로덕트 레드 프로그램의 수익금이 전달되는 글로벌 펀드는 기부 현황과 사용내역을 인터넷 상에 공개한다. 프로덕트 레드 프로그램은 2년이 채 못 되는 기간 동안 5,170만 달러의 기부금을 모으는 큰 성과를 나타냈다.

프로덕트 레드 프로그램에 참여한 기업은 레드 색상의 상품 라인을 추가해 이익금의 일부를 기부함으로써 좋은 일을 하고 브랜드 이미지와 매출을 제고할 수 있다. 소비자들은 별다른 부담 없이 평소 좋아하던 브랜드를 구매하는 것만으로 좋은 일에 동참했다는 긍정적인 감정을 느끼게 된다. 이렇게 프로덕트 레드 캠페인은 단순한 자선이 아니라 기업, 소비자, 사회 모두에게 이익이 되는 구조를 갖추고 있어 지속적으로 성장할 것으로 전망된다.

이처럼 나눔은 단순한 자선이 아니라, 기업과 사회, 그리고 소비자 모두가 함께 살아가는 공존의 커뮤니케이션을 실천하고 있다. 기업은 이를 통해 지속적인 경영이 가능한 하나의 집단으로 인정받고, 이러한 긍정적인 이미지를 통해 제품과 서비스 판매에도 도움을 받을 수 있다.

Marketing Clue

사회공헌활동에도 전략 마인드를 키워라

1990년대 초 나이키를 비롯한 글로벌 의류 메이커들의 저개발국 착취나 2000년 초 엔론사의 회계 부정 스캔들은 기업의 윤리와 사회적 책임에 대해 성찰하는 계기가 되었다. 사회적 책임을 소홀히 한 채 이익만을 추구하는 기업은 소비자들에게 외면당하고 존속조차 어려워지는 환경으로 변모하게 된 것이다.

최근의 사회공헌활동은 과거의 단순한 자선 활동이나 일회성의 기부 방식을 탈피하고, 보다 전략적인 관점에서 추진되는 추세가 나타나고 있다. 즉 사업 관점에서 손익이나 투자 대비 효율성을 고려하고 기업과 사회의 상생을 극대화하는 방향으로 접근하는 것이다. 카드 사용 금액의 일정 부분을 자유의 여신상 복구 기금으로 사용하는 캠페인을 전개한 아메리칸 익스프레스는 사회공헌활동을 기업의 수익 창출로 연결시켜 '사회공헌활동을 하는 것 자체가 스마트 비즈니스'라고 주장한다.

그렇다면 전략적인 사회공헌활동의 요건은 무엇인가? 우선 기업은 사회공헌활동이 비용이 아니라 기업의 이익으로 연결될 수 있다는 능동적인 자세로 접근해야 한다. 그리하여 기업의 이익과 사회의 이익이 동시에 창출될 수 있는 방안을 전략적으로 검토해야 한다. 예를 들면 앞에서 소개한 SK

텔레콤의 행복천사 캠페인 중 '뮤직나눔'은 뮤직나눔 페이지를 통해 음악 관련 콘텐츠 구매 시 구매 건당 100원씩 기부되므로 고객의 콘텐츠 구매 시 느낄 수 있는 부담감을 경감시켜주어 SK텔레콤의 콘텐츠 매출을 신장시켜 줄 수 있는 부가적 효과가 있다.

또한 체계적이고 효과적인 사회공헌활동을 위해서는 광범위한 분야에서 중구난방 식으로 활동하는 것보다 특정 영역에 집중하는 것이 이미지 형성, 전문성 제고, 비용 절감의 측면에서 효과적이다. 그리고 사회공헌활동의 분야 및 테마를 선정함에 있어서 고객이 생각하는 방향과 일치될 때 공감대를 형성하기가 용이하다. 이러한 특정 사회공헌분야 집중 전략은 전문성을 키울 수 있으며 비용이 절감되고 효율성은 커진다.

앞의 두 가지 요건을 살펴보면 결국 전략적 사회공헌활동에서 고려해야 할 핵심사항은 사회공헌활동이 해당 기업과 잘 부합하고 시너지를 창출할 수 있어야 하는 것으로 귀결된다. SK텔레콤은 사회공헌프로그램에 모바일 기술을 활용함으로써 사회공헌활동의 효과를 극대화하였다.

한편 SK텔레콤의 행복나눔 캠페인이나 프로덕트 레드의 예처럼 사회공헌활동에 소비자를 직접 참여시키는 방법 또한 효율성이 높은 전략이다. 소비자는 사회공헌활동에 동참함으로써 기업의 사회적 참여와 자신을 긍정적인 면에서 동일시한다. 또한 자신이 연관된 일에 대한 애착과 더불어 자신의 경험을 널리 알리고픈 심리 때문에 구전효과도 발생할 수 있다.

사회공헌활동의 효과를 극대화하기 위해서 적극적으로 이 활동을 홍보하고 인지도를 높이기 위한 마케팅 커뮤니케이션 노력이 뒤따라야 한다. 예를 들면 SK텔레콤은 'END-SEND' 광고 캠페인 집행을 통해 행복나눔 캠페인을 널리 알리고 소비자의 참여를 촉구한다. 프로덕트 레드는 인터넷 홈페이지 상에 모금 액수와 혜택받은 사례 스토리들을 공지하여 캠페인의 성과와 투명성을 홍보하고 있다.

Epilogue

마케터는
고객의 마음을
이해하는 심리학자

이너모스트 마케팅은 '공감'의 과정이다

　마케팅은 어찌 보면 인간에 대한 탐구이자 관계에 대한 끊임없는 탐색이라고 할 수 있다. 기업의 비즈니스는 제품을 만들어 시장에 내놓고 소비자의 선택을 기다리는 그런 단순한 과정이 아니다. 제품을 사고파는 과정 자체가 소비자와 관계를 맺고 구축하는 과정이다. 마케팅은 바로 이 과정에서 일어나는 종합적인 활동이다.

　과거에는 '관계 맺기'를 상품이나 서비스를 주고받는 거래로만 이해하였다. 일단 비용을 지불하고 상품과 서비스를 구매하면 그것으로 관계는 종료되었다. 그러다 필요할 때만 다시 고객을 찾는답시고 카탈로그를 발행하거나 전화를 걸어 '아쉬운 소리'를 하는 것이 고작이었다. 여기서 관계란 존재하지 않는다. 고객의 입장에서는 전혀 소식을 끊고 살다가 갑자기 연락을 해서 이것저것 아쉬운 소리를 하는 오래된 동창만큼이나 얄미울 뿐이다.

　가격을 할인해주고 이것저것 끼워주기 식으로 듬뿍 안겨준다고 해서 고객이 항상 기업의 편이 되어줄 것이라고 착각해서는 안 된다. 그래 봤자 '일시적인 만족'만 줄 뿐이다. 물론 "고객이 '만족'하면 그것으로 된 것이 아니냐?"고 반문할 수도 있다. 열심히 제품을 만들어 고객에게 만족을 시켜준다는 것이 얼마나 어려운 일이냐고 하소연할 수도 있다. 맞는 말이다. 현장에서 고객에게 공들이며 동분서주하는 마케터의 어려움을 생각한다면 '고객을 만족시켰다'는 것은 대단한 성과로 받아들여야 한다. 다만 묻고 싶은 것은, "과연 고객들의 욕구가 만족에만 머물 것인가?"이다.

"고객은 변덕쟁이다"라며 마케터는 한 명의 고객이라도 더 잡기 위해서는 더 많은 비용과 노력을 기울여야 한다고 말한다. 마치 고객은 떠나려는 심순애이고 기업은 이를 붙잡으려는 이수일처럼 보인다. 그러나 이는 겉으로만 보이는 것일 뿐 실상은 그렇지 않다. 오히려 고객이야말로 한 번 맺은 관계를 쉽게 포기하지 않을 정도이다.

십여 년을 SK텔레콤 서비스를 이용한 부모님께 아무리 "번호이동만 하면 공짜폰에, 요금도 더 싸다"고 해도 요지부동이다. 이유를 물어도 딱히 경제적인 논리가 나오지 않는다. 그저 지금까지 불편한 것 없이 잘 썼고 '익숙한 것'이기 때문에 바꾸지 않겠다고 한다. 물론 고객들 역시 요금과 같은 경제적인 요소를 중요하게 생각한다. 그러나 비용 이상의 만족, 아니 만족 이상의 그 어떤 것이 있었기에 고객은 떠나지 않는 것이다.

도쿄 디즈니랜드의 부사장인 가미사와 노보루는 그의 저서 《도쿄 디즈니랜드 스토리》에서 고객의 그 어떤 것을 분명히 밝히고 있다. 그는 "서비스에는 또 한 단계 위의 기대 수준이 있습니다. 자신이 전혀 예상하지 않았던 배려를 받거나 생각지도 못한 부분에 신경을 써주었을 때 받는 '감동'입니다"라고 했다. 아무리 품질이 좋다 하더라도 그것은 만족에 그칠 뿐이다. 그렇다면 결국 품질이나 서비스의 만족도가 아닌 감동을 주려면 고객의 '마음'을 움직여야 하는 것이다.

마음을 얻는다는 것만큼이나 어려운 것은 없다. 유비가 제갈공명을 얻을 수 있었던 것도, 조조가 관우를 곁에 두지 못한 것도 따지고 보면 마음을 얻느냐, 못 얻느냐에 따라 상반된 결과가 나왔음을 알 수 있다. 객관적인 상황을 보면 제갈공명이나 관우의 선택은 일견 상황판단을 하지 못한 어리석은 결정으로 보인다. 그러나 그들은 의리, 혹은 명분을 내세웠다 하더라도 속을 들여다보면 하나같이 유비로 마음이 기울었기 때문이었다. 삶과 죽음이 명확하게 갈리던 그 시절에 대세를 거스르는 선택을 한다는 것이 목숨과 결부되었음에도 말이다.

이처럼 마치 오랜 세월 동안 옆에 있었던 친구와 같은 익숙함이나 만족 이상의 감동을 주려면 마음에서부터 공감이 이루어져야만 한다. 커뮤니케이션의 목적은 무엇일까? 우선 자신이 생각하는 바를 뚜렷하게 전달하는 것부터 생각할 수 있다. 횡설수설하거나 모호한 표현으로 자신의 의사를 밝힌다면 오히려 전하고자 하는 뜻이 왜곡될 수도 있을 것이다. 하지만 분명하게 의사를 밝힌다 해도 상대방이 받아들이지 못한다면 이 또한 아무런 소용이 없다. 그래서 마음을 움직일 수 있어야 하는 것이다.

고객의 속마음을 이해하고 관계 형성을 이루기 위한 이너모스트 마케팅은 치밀한 논리나 시장 분석이 아니라 '공감'의 과정이다. 물건 하나를 더 팔기 위한 판촉이나 영업이 아니라 늘 함께 하며 서로가 의지하는 동반자의 관계라는 말이다.

이 책에서는 고객의 속마음을 제대로 볼 수 있는 통찰력의 발굴과 고객가치의 혁신, 그리고 가치의 체험과 진정한 고객과의 관계를 이너모스트 마케팅이란 개념으로 다루었다. 고객의 속마음을 이해하고 지금까지 경험했던 것과 전혀 다른 가치를 제공한다는 것은 기업과 고객 모두의 가치 만족을 뜻한다. 이처럼 고객과 기업이 이심전심의 만족감을 누리려면 가장 먼저 해결되어야 할 것이 있다. 기업이 제시하는 제품과 서비스의 가치가 비록 낯선 것이라고 하더라도 고객이 이질감보다 새로운 동반자로 받아들일 수 있도록 해야 한다. 이러한 동반자적 친숙함이야말로 갈수록 격화되는 마케팅 경쟁에서 승리하는 궁극적인 비법이라고 할 수 있다.

이와 같은 동반자적 관계를 만드는 이너모스트 마케팅은 SK그룹 계열사의 다양한 현장 경험을 바탕으로 크게 4가지의 관점으로 프로세스를 만들어 설명하였다.

● 고객 통찰력을 갖추어라

무턱대고 고객에게 새로운 것, 품질이 뛰어난 것이라고 제품을 들이댄다면 십중팔구 무시당할 것이다. 제품이나 서비스를 만들기 전에 우선 고객의 속마음을 알려는 과정이 있어야 한다. 이는 비합리적인 행동마저 스스럼없이 하는 고객의 행동을 이해하는 정도까지 되어야 한다. 단순한 설문조사가 아니라 고객의 환경과 라이프스타일까지 고려한 통찰력을 갖추어야지만 비로소 고객을 이해할 수 있을 것이다. 마케터가 문화인류학을 공부해야 하고, 또 사회학과 기술의 진화에 대해 끊임없이 관심을 가져야 하는 이유가 바로 여기에 있다. 똑같은 20대라 하더라도 베이비붐 세대와 21세기의 젊은 세대는 지향하는 가치도 다르고 라이프스타일도 다르다. 또 지역과 성별, 인종 등 다양한 요인만큼이나 선호하는 것도 다르다. 그런데 굳이 한 가지의 가치만을 내세우며 고객을 설득한다는 것은 설득이 아니라 강요에 가깝다 할 수 있다.

우리나라 자동차가 국내에서 출시할 때와 외국에 출시할 때 브랜드 자체를 바꾸는 경우도 이런 고객의 다양성을 반영했기 때문이다. SK텔레콤이 처음 멤버십 프로그램을 시행할 때도 세대와 성별, 직업, 환경 등을 고려한 멤버십으로 나눈 것도 같은 맥락이다. 이제는 획일화를 통한 대량 판매의 환상에서 벗어나야 할 때다. 한 제품이 수십, 수백만의 고객에게 팔린다는 것은 대량 생산, 대량 판매의 환상이 아니라 새로운 패러다임을 창출하여 고객에게 만족감을 제공했기 때문이다. 그러나 이런 베스트셀러도 영원한 것은 아니다. 순식간에 고객들은 또 다른 새로운 것을 찾아 떠난다. 그런데 마케터가 이런 고객의 변화를 감지하지 못하고 대박의 신화에 갇혀 있다면 이는 실패를 예약한 것과 다름없다.

● 고객의 가치를 혁신하라

언제까지 '익숙한' 과거의 전통만을 내세울 수는 없다. 기술과 환경의 변화는 체감하는 것 이상의 속도를 보여준다. 고객이 미처 새로운 기술과 환경의 혜택을 인지하지 못한다면 과감히 그것을 깨닫도록 해줘야 한다. 즉 고객통찰력으로 고객의 잠재된 속마음까지 알아내 그것을 만족시켜주는 것은 기존과는 다른, 고객가치의 혁신까지도 함께 제공해줘야 한다는 뜻이다.

익숙함에 길들여진다는 것은 새로운 가치 추구나 도전이 아니라 현상 유지에 몰두한다는 의미도 된다. 그런데 현상 유지에 만족하며 현재를 유지하는 기업의 결과는 늘 '몰락'이었다. 코닥이 필름 시장의 현상 유지에 만족하다 디지털 카메라의 등장에 몰락해버린 것과 다름이 없다. 이처럼 선점 혹은 시장의 지배적인 위치에 있다고 해서 현상 유지를 위해 집중 투자하는 기업은 고객에게 외면당할 수밖에 없다.

돌이켜보면, 새로운 제품과 마케팅의 성공은 늘 패러다임을 창출하는 혁신의 가치를 고객이 받아들였을 때였다. 혁신의 가치는 기업이 기술력을 자랑하는 것이 아니다. 또한 고객이 모르고 있던 것을 내보이며 신천지를 제시하는 마법의 거울도 아니다. 그저 고객의 잠재된 가치, 미처 표출되지 않은 가치를 끄집어내 실현시켜주는 것일 뿐이다. 〈출처 – 지키려고 하는 순간 몰락이 시작된다〈숨은 카페〉〉

● 풍부한 고객경험을 제공하라

새로운 가치를 제공한다는 것이 구호에만 그쳐서는 안 된다. 기업이 고객의 속마음을 이해하고 좀 더 나은 제품과 서비스를 제공해도 고객이 그것을 선뜻 받아들이는 것은 아니다. 낯선 것에 대한 거부감은 인간의 보편적인 심리이다. 따라서 다양한 채널을 통해 풍부한 경험을 할 수 있도록 하여 혁신적인 가치에 친근함을 가지게 해야 한다.

친근함은 아무래도 얼굴을 맞댄 관계에서 더 많이 생기는 법이다. 그래서 애플처럼 고객이 새로운 제품을 직접 경험할 수 있는 오프라인 체험 매장을 운영하는 것도 좋은 방법이다. 그러나 굳이 체험 매장이 아니더라도 고객과의 접점이라면 언제나 고객에게 풍부한 경험을 제공할 수 있어야 한다. 그러기 위해서는 현장에서의 마케팅 활동에 많은 권한을 부여하는 것이 좋다. 현장에서는 예상치 못한 상황이나 고객의 개별적인 요구가 발생할 수가 있다. 이때 고객의 문제를 해결하겠다는 마인드로 바로 그 자리에서 능동적인 서비스를 제공한다면 고객은 또 다른 경험을 느끼게 되는 것이다. "모든 상황에서 스스로 최선의 판단을 내려라. 그것 말고는 다른 규칙은 없다"는 노드스트롬 백화점의 모토는 고객 경험 관리에서도 유용한 지침이 된다.

고객 중심의 마인드는 고객에게 색다른 경험을 안겨준다. 색다른 경험은 불쾌하지만 않는다면 분명 뚜렷한 기억, 즉 브랜딩이나 마케팅에서 그토록 바라는 인지효과의 극대화를 기대할 수 있게 된다. 이보다 더 좋은 일이 어디 있겠는가.

● 꾸준히 고객의 마음을 사로잡아라

기업과 고객의 관계는 결코 일회성이 되어서는 안 된다. 가격 경쟁과 같은 일회성의 이벤트는 당장의 효과는 있을지언정 장기적으로 볼 때 결코 도움이 되지 않는다. 오히려 기업의 이미지 손상과 자신의 제품과 서비스의 가치를 스스로 떨어뜨리는 역효과도 발생할 수 있다. 이러한 일회적인 방법으로 고객의 마음을 잡으려 할 게 아니라 고객의 잠재된 가치를 충족시키는 마케팅을 해야 한다. 지속적으로 고객을 만족시켜주는 것은 바로 환경의 변화와 트렌드에서 뒤처지지 않으면서 새로운 가치를 꾸준히 제공해줄 때 가능하다.

이러한 고객과의 관계를 단순히 '고객관계관리'라고 부를 수는 없다. 관계를 관리한다는 것은 지극히 공급자적인 시각에서 나오는 표현이다. 고객을 데이터와 같은 분석 수치가 아니라, '연인'이라 생각한다면 '관리를 한다'는 표현은 옳지 않다. 한없이 애정의 대상으로 바라보고 성심성의껏 대해야 하는 존재가 바로 고객이다.

위의 4가지 요소와 프로세스가 가장 기본적인 마케팅 활동이라고 할 수 있다. 아니 좀 더 정확하게 말하자면 고객과의 기본적인 커뮤니케이션 과정이라고 하는 것이 옳다. 매번 어떤 생각을 하는지, 어떤 반응을 보일지 알 수 없는 고객을 이해하려면 속마음을 이해한 마케팅이 될 수밖에 없다.

그래서 "고객통찰력에 기반한 고객가치의 혁신"과 "혁신의 효과를 키울 수 있는 고객 경험의 풍부화", "지속적인 고객마인드 확보"라는 프로세스를 거쳐 고객의 속마음, 가치를 만족시키는 마케팅, 즉 이너모스트 마케팅이 필요한 것이다.

'21세기는 드림 소사이어티'라는 말처럼 냉철한 이성과 논리보다 감성과 공감의 정서를 가진 마케터가 기업과 고객 모두에게 가치를 제공해줄 수 있다. 완벽한 논리와 세련된 마케팅 플랜을 담은 프레젠테이션만으로는 고객을 설득할 수 없다. 현장에서의 고객은 아주 짧은 시간 동안 머물다가 갈 뿐이다. 그런데 구구절절 온갖 전문 용어와 제품 자랑만으로 고객을 붙잡아 둘 수는 없는 것이다. 마음을 읽고, 또 마음을 움직일 수 있는 힘이야말로 이 시대의 마케터에게 필요한 가장 큰 자질이자 덕목이라 할 수 있다.

진정한 마케터라면 숫자와 논리의 틀에 갇히는 것이 아니라 인간에 대한, 인간의 마음을 이해하는 철학자이자 심리학자의 자질 또한 갖추라고 한다면 너무 터무니없는 주문일까? 하지만 마케팅의 기본이 고객과의 커뮤니케이션이라는 것을 감안한다면 상대방에 대한 이해, 즉 사람에 대한 이해가 선행되어야 한다. 그렇다면 마케터는 철학자, 심리학자가 되어야 한다. 올바른 고객과의 관계를 만들고 싶다면 말이다.

KI신서 2057

고객의 마음을 읽는 마케팅
Innermost Marketing

1판 1쇄 발행 2009년 9월 7일
1판 2쇄 발행 2009년 10월 16일

지은이 이방형 **펴낸이** 김영곤 **펴낸곳** (주)북이십일 21세기북스
편집 강근원 **디자인** 에이틴 **마케팅·영업** 서재필 최창규 김보미
출판등록 2000년 5월 6일 제10-1965호
주소 (우413-756) 경기도 파주시 교하읍 문발리 파주출판단지 518-3
대표전화 031-955-2100 **팩스** 031-955-2151 **이메일** book21@book21.co.kr
홈페이지 www.book21.com **커뮤니티** cafe.naver.com/21cbook

값 13,000원
ISBN 978-89-509-2007-4 03320

이 책 내용의 일부 또는 전부를 재사용하려면 반드시 21세기북스의 동의를 얻어야 합니다.
잘못 만들어진 책은 구입하신 서점에서 교환해 드립니다.